JN198035

ENCYCLOPEDIA OF
PHILOSOPHY TERMS
:LIBERAL ARTS FOR THE GLOBAL ELITE

世界のエリートが
教養として身につける
「哲学用語」
事典

哲学者
小川仁志

SB Creative

はじめに
まずは「哲学用語」を知らなきゃ始まらない

今、かつてない哲学ブームが起こっています。市民が哲学する対話イベント「哲学カフェ」がいたるところで開催され、小学校で哲学対話が導入されたり、テレビでも哲学の番組をやるようになりました。私はまさにそのテレビ番組の講師役を務めているのですが、毎回番組に寄せられる視聴者の反響に驚いています。そして何より、最近はビジネスの世界でも哲学に熱視線が注がれているのです。

これまで日本では、哲学は使えない学問、難解な学問の代名詞とされてきました。しかし決してそんなことはありません。おそらく訳が難しかったり、上手に哲学の面白さ、有用性を伝えられていなかっただけでしょう。その証拠に欧米ではかなり前から哲学が知のツールとして活用されています。

たとえば、世界三大投資家の1人ジョージ・ソロスやペイパル創業者のピーター・ティール、ヒューレット・パッカード元CEOのカーリー・フィオリーナなど世界の成功者には意外と哲学科出身者が多いのです。また、グーグルやアップルなどの大企業をはじめ、多くの企業がビジネスに哲学をとり入れています。

そもそも欧米の大学では、哲学は必須だといっても過言ではありません。フランスのように高校生が必修科目として哲学を学ぶ国もあるほどです。すると、必然的に哲学の重要性を認識することになるのです。日本では、大学で選択しないと哲学に触れる機会はありません。だからそれが使えるツールであることにすら気づかないのです。

いずれにしても、哲学が使えるツールであることは、欧米ですでに実証済みです。さらに、哲学を学んだ人は、給料の伸び率が高いという統計もあります。哲学は、ビジネスパーソンにとって、ぜひとも身につけるべきおいしい学問なのです。

グローバル社会でビジネスが展開しているおかげで、こうした状況が徐々に知られるようになり、また奇しくもＡＩの登場でビジネスのやり方を根本から見直す必要に迫られ、ついに日本でもビジネスに哲学を導入する企業が登場し始めました。パナソニックなど哲学シンキングをとり入れる企業や、欧米のように哲学者にアドバイスや研修を依頼する企業も出てきています。

かくいう私も企業からの哲学研修の依頼が増えています。おかげさまで即満席になるようなコースもあります。それだけ哲学に関心が高まっていることの証でしょう。哲学界の新星マルクス・ガブリエルの『なぜ世界は存在しないのか』という決してやさしくない哲学書がベストセラーになったのも、そうした潮流の表れだと思います。

むろん哲学を知る必要があるのは、ビジネスパーソンに限りません。ＡＩとの付き合い方や人間拡張技術の使い方など、ここ数年、哲学によって本質から考えなければならないことが増えています。政治もそうでしょう。ポピュリズムや公共性といった問題について、もはや何も知らないということは許されない状況になってきています。

「哲学カフェ」や哲学対話では、必ずしも哲学用語を振りかざす必要はありませんが、どうしてもそういう知識が他の人の口から出てくることがあります。それに、使う使わないにかかわらず、哲学用語を知るということは、哲学の概念や考え方を理解することでもあります。あるいは、哲学書を読みたいと思ったとき、挫折するのはたいてい用語の難解さのせいです。

結局、哲学にかかわろうとすると、まずは哲学用語を知らないことには何も始まらないのです。そこで本書では、数多くの哲学用語から、これさえ押さえておけば大丈夫という１００語を厳選しました。それらを「考えるためのツール」「世界を知るためのツール」「未来を読むためのツール」「人を動かすためのツール」の４つに分け、各々言葉の意味をかみくだいた超訳、わかりやすい解説、関連する哲学者の紹介、そしてどこが武器になるかというポイントを提示しています。一部の用語には理解を助けるための図もつけました。

自著も含め、既存の類書と異なるのは、最新の哲学用語とその理解を助ける古典用語をふんだんに盛り込んだ点と、ビジネスシーンをかなり意識したことです。仕事をするときの参考書として常にお手元に置いていただくと、役に立つシーンが多々あるかと思います。

もちろん事典ですから、どこから読んでいただいてもいいわけですが、通読していただくことも考えて、時系列にしたり、関連する事項をまとめたりといった工夫をしています。コラムもありますので、読み物としても楽しんでいただければと思います。

本来哲学とは自分の頭で考えることです。ですから、人に頼るのと違って、決して裏切られることはありません。学べば学ぶほど、考えれば考えるほどいい結果が出ます。本書がそうしたいい結果を出すための第一歩になれば幸いです。

長い梅雨がようやく空けた令和元年の夏の日に

小川仁志

CONTENTS

世界のエリートが教養として身につける
「哲学用語」事典

PART 1
考えるためのツール30
――論理的思考・アイデア発想

PART 2 世界を知るためのツール20 ——政治経済・グローバル社会

PART 3
未来を読むためのツール30
――近未来社会・テクノロジー

PART 4

人を動かすためのツール20
——組織・人間関係

※各項目の原語表記は（ギ）…ギリシア語、（英）…英語、（ラ）…ラテン語、（仏）…フランス語、（独）…ドイツ語を指す

ENCYCLOPEDIA OF PHILOSOPHY TERMS

PART 1

考えるためのツール30

論理的思考・アイデア発想

001

logos（ギ）

ロゴス

超訳

論理的な言葉

○人を説得するために必要なものとは？

「**ロゴス**」とは「論理的な言葉」を意味する語である。ロゴスは、しばしば哲学の代名詞として使われる。

ロゴスの語源は、「拾い集める」という意味の語にある。そこから言葉、秩序、論理、理性といった多様な意味をもつ語として用いられるようになった。つまり、バラバラのものを秩序立てて集めるというニュアンスを含んだ言葉なのである。

古代ギリシアにおいては、このロゴスに高い価値が置かれていた。だからこそ、言葉や理性による哲学が発展したのである。

ロゴスを最初に哲学用語として用いた古代ギリシアの哲学者**ヘラクレイトス**は、万物の根拠はロゴスにあると主張した。後の**ストア派**は、それを受けてロゴスを宇宙生成の原理にまで高めた。

ヘラクレイトス（前500頃）
初期ギリシアの哲学者。ロゴスを自らの哲学の核心にすえた。「万物は流転する」という表現で有名。

アリストテレス（前384～前322）
古代ギリシアの哲学者。「万学の祖」と称される。共同体の倫理を重視した。その思想は師のプラトンとは異なり現実主義的。著書に『政治学』『ニコマコス倫理学』などがある。

こうしてロゴスは、西洋近代の哲学を象徴する概念として受け継がれていくことになる。20世紀フランスの哲学者**デリダ**が、後に西洋近代の哲学を批判する際、「ロゴス中心主義」という表現を用いたのはそのためである。

このロゴスとよく対比して言及されるのが、**パトス**、そして**エートス**という概念である。そこで、三者を比較しながらロゴスの意義について考えてみたい。古代ギリシアの哲学者**アリストテレス**が著《あらわ》した『**弁論術**』によると、ロゴス、パトス、エートスの3つは、いずれも人を説得するための条件としてとらえることができる。

まず、ロゴスは論理的な言葉を意味するので、人を説得するにはもちろんロゴスがもっとも重要になってくる。しかし、人の心は理屈だけでは動かせるものではない。したがって、パトスつまり感情が必要だという。アリストテレスによると、それは快楽や苦痛を伴う一時的な心の状態を指す。たしかに、感情のこもった言葉は力強いものだ。そうした言葉に私たちは共感する。

ただ、どんなにいい言葉も、いかにも偽善に聞こえてしまっては威力をもちえない。そこでエートスが必要だという。これは道徳や信頼という意味をもっている。つまり人柄が大事だということだ。

哲学を武器にするためのヒント

ロゴス（論理）、パトス（情熱）、エートス（信頼）はスピーチの3条件とされる。信頼できる人がわかりやすく感情をこめて話すことで人を説得できるという。スティーブ・ジョブズやTED Talks出演者のプレゼンがすばらしいのは、これらの条件を備えているためだ。3つの条件は『7つの習慣』など数々のビジネス書にも応用されている。

002

イデア

idea, eidos（ギ）idea, form（英）

超訳

理想像

○私たちが知覚している世界はイデアの影にすぎない

「**イデア**」とは、物事の理想像のことである。古代ギリシアの哲学者**プラトン**の哲学の中核をなす概念だ。もともとは物の姿や形を意味する言葉だった。ただ、形といっても私たちの目に見える形ではなく、いわば心の目によって洞察される物事の真の姿、事物の原型のことを指す。

感覚によってとらえられるものは移ろいゆくが、イデアは永遠不滅の存在とされる。そしてあらゆる物事はイデアの影にすぎないため、私たちには本当の姿を見出すことが求められる。

たとえば、バラにはバラのイデアがあり、円には円のイデアがある。だからバラの蕾《つぼみ》を見ただけできれいに咲いたバラを思い浮かべることができるわけである。あるいは、手書きの歪《ゆが》んだ円を見ただけでも、それが円だとわかるのである。これは頭の中にバラや円のイデアが存在するからにほかならない。だから、イデ

プラトン（前427〜前347）
古代ギリシアの哲学者。現実の世界に対して、完全な理想の世界としてのイデア界があると説いた。著書に『ソクラテスの弁明』『饗宴』などがある。

アというのは物事の理想像なのだ。それは、理性によってはじめてとらえることのできるものなのである。

プラトンは、こうしたイデアによって構成される永遠不滅の世界と、感覚によってとらえられる現実の世界を区分した。前者が**イデア界**、後者が**現象界**である。絶えず変化する現象界は、永遠に変わることのないイデア界を模範として存在しているという。有名な「**洞窟の比喩**」は、人々が洞窟の中で見ているイデアの影こそが、いわば日ごろ私たちが目にしている現実にほかならないというたとえである。

これが現実と理想の**二元論的世界観**と呼ばれるものである。逆にいうと、現実の世界は、常に理想の世界をお手本にして存在するべきだという主張でもある。そもそも日本語の理想という言葉は、プラトンのイデアを説明するために明治時代につくられた造語である。理想を掲げることをよしとするのは万国共通だが、その源泉にプラトンの哲学があるといえる。

そのプラトンのイデア論を批判したのが、弟子の**アリストテレス**だ。彼は物事の本質は理想の世界にあるのではなく、むしろこの現実の中にあると主張した。2人の立場の違いは、天上を指差すプラトンと地上に掌《てのひら》を向けるアリストテレスという形で、ラファエロの名画「**アテネの学堂**」にも描かれている。

哲学を武器にするためのヒント

プラトンはイデアを追求し、世界中のリーダーを育成するアカデメイアという学校を開設した。イデアを指し示すことは重要なリーダーの役割である。イデアがあるから新しいことにチャレンジでき、イデアに立ち戻ることで問題を解決することができるのだ。ちなみに、英語のアイデアはその語源をさかのぼるとイデアにたどり着く。

003

metaphysica（ラ）metaphysics（英）
métaphysique（仏）Metaphysik（独）

形而上学

超訳

自然の原理を度外視して考える学問

アリストテレス（前384〜前322）
古代ギリシアの哲学者。「万学の祖」と称される。共同体の倫理を重視した。その思想は師のプラトンとは異なり現実主義的。著書に『政治学』『ニコマコス倫理学』などがある。

物理学には答えの出せない問題に立ち向かう

「**形而上学**《けいじじょうがく》」とは、自然の原理を度外視して考える学問のことである。形而上学の原語は**メタフィジカ**という。これは**自然学（フィジカ）**の**後（メタ）**という意味。もともとは古代ギリシアの哲学者**アリストテレス**の講義録を編纂《へんさん》する過程で生まれた用語だといわれる。つまり、自然についての書物の後に、それ以外の存在をめぐる一連の講義録を位置づけたため、こう呼ばれるようになった。

アリストテレスの哲学では、存在についての学問が「**第一哲学**」であるとされている。

そのアリストテレスの「第一哲学」を、超自然的なものを説明するためのベースにしたのが、中世のキリスト教会だった。彼らのおかげで、メタフィジカのメタは、「**超える**」というニュアンスが強くなる。現代でも「メタレベルで考える」といった表現をすることがあるが、それは次元を超えて考えるというようなニュアンスで使われている。こうしたことから、メタフィジカも「**超自然学**」という意味をもつようになった。

形而上学とは、いわば自然の原理など度外視して、抽象的かつ本質的に物事を考える学問である。そこから形而上学は、しばしば哲学と同じ意味に用いられることがある。たしかに哲学とは自然の原理を超えた思考であるといえる。円とは何かとか、時間とは何かとか、あるいは自由意思とは何かなど、必ずしも物理学をはじめとした自然の原理だけでは答えが出そうにない問題を考えるものだからだ。

そんな形而上学も、**啓蒙主義**の時代を経て近代に入り、やがて人々が実証的な思考を求めるようになると、あたかも役に立たないものの代名詞になっていった。ところが最近、日本で形而上学に新たな注目が集まっている。物事の存在の基礎について厳密に分析を加えることで、実証的な思考に引けをとらない精緻な議論を展開しているのだ。そうした新しい形而上学は、20世紀以降英語圏で発展してきた**分析哲学**（70ページ）の潮流を汲むものとして、**分析形而上学**だとか、**現代形而上学**と呼ばれている。

テクノロジーの進展と共に、従来の自然科学的なものの見方だけでは対応できなくなっているからだろうか。今また自然の原理を超えて考える形而上学的発想が求められているのである。

哲学を武器にするためのヒント

感覚や経験を越えたものを形而上、実際に形をとって存在するものを形而下という。物事の本質を追求する形而上学は、現代でも役に立つ。何かを始めるとき、そもそもなぜそれが必要なのかを考えると新しいアイデアや問題を見つけることができる。なお、「形而上学的な」という表現には「非科学的な」という意味が込められていることもある。

004

subject／object（英）

主体／客体

超訳

行為者／相手

イマヌエル・カント（1724〜1804）

ドイツの哲学者。人間の理性の限界について論じると同時に、倫理学では、無条件に正しい行いをすることを要求。著書に『純粋理性批判』『実践理性批判』などがある。

○私たちは無限の世界から客体を切りとっている

「**主体**」とは、簡単にいうと自分のことで、**客体**とは、相手や物のことである。哲学という営みは、自分が相手や物について考える営みなので、主体と客体という概念はその大前提となるものといえる。

主体と客体の内容を理解するためには、まず**主観**と主体の区別、そして**客観**と客体の区別をしておく必要がある。主観と主体の違いは、認識と行為の違いである。つまり、自分が何かを認識しているとき、これを主観という。そしてその認識に基づいて行動をとっているとき、その行動している自分を主体というわけである。行為者といってもいいだろう。

客観と客体も基本的にはこれに対応している。私の認識が主観であるというとき、これは私の側から見た場合の表現になる。逆に認識されている側から見ると、それは客観として表現することができるのだ。要はどっちから見ているのかという違いにすぎない。

これに対して客体というのは、行動をとる主体に認識されている側の呼び名だということになる。たとえば、姉がペットの猫を見ているという状態を考えてみる。その場合、姉が主体で、猫を見ているという姉の認識が主観である。そして、姉にとっては猫が客体で、姉に見られている猫の認識が、姉にとっては客観になる。

ここで気がつくのは、主体にとってはなんでもかんでも客体になるわけではないという点である。なぜなら、主体が認識しないと客体にはならないからだ。こんなふうに認識と対象の関係をとらえたのは、近代ドイツの哲学者**カント**である。

つまり私たちは、無限に広がる世界の中から、常に客体となる対象を切りとっているのだ。そうやって主体が切りとった対象に、意味を与えることではじめて客体が生まれる。この世界に意味を与えるという営みこそ、世界を理解するということにほかならない。

したがって、哲学する主体が何かを客体としてとらえない限り、その対象は哲学してもらえないのだ。逆にいうと、客体としてとらえればなんでも哲学する対象になりうる。

哲学を武器にするためのヒント

ビジネスの分野で重要なのが「誰に、何を、どのように」伝えるかということ。つまり主体と客体、主観と客観をはっきりさせて伝えることだ。たとえば、報告をする場合、私（主体）が上司（客体）に、客観（上司が求める事実）と主観（自分が思ったこと）を伝える。こうすると、伝達ミスもなくなり、その後の展開も早い。

005

idola（ラ）

イドラ

超訳

思い込み

フランシス・ベーコン（1561~1626）
イギリスの思想家。イギリス経験論の創始者。知識による自然の克服を訴える。著書に『随想録』『ノヴム・オルガヌム』がある。

○正しい理解を妨げる「4つのイドラ」とは？

「**イドラ**」とは、偏見あるいは先入観、つまり思い込みのこと。偶像と訳されることもある。**経験論**の祖と称される近世イギリスの哲学者**ベーコン**による概念。ベーコンは、真理を正しく把握するためには、まず思い込みを取り除く必要があると考えた。そこで、思い込みをイドラと名づけ、それを4つに分類したのである。

1つ目は「**種族のイドラ**」。これは人間という種族に固有のイドラで、感情や感覚によって知性が惑わされることによって生じる。人間は自分が主張する立場に固執し、その点からしか物事を判断できないのだ。

2つ目は「**洞窟のイドラ**」。これはあたかも狭い洞窟に考えが入り込んでしまったかのように、個人の狭い事情によって生じる思い込みのことだ。その人の受けた教育、影響を与えた人物、読んだ本などが原因で、狭い考えに入り込んでしまうわけである。

3つ目は「**市場のイドラ**」。これは言語によって生じる思い込みのことである。あたかも市場で聞いたうわさ話を信じてしまうがごとく、人は言葉のもつ力に弱いものだ。今なら市場というよりは、インターネット上に氾濫する言説がその原因になるかもしれない。

4つ目は「**劇場のイドラ**」。あたかも劇場で観たものに強い影響を受けるように、1つの完結したストーリーを目の前に提示されると、人は容易に信じてしまう。とりわけ学説など権威のある言葉には弱い。劇場のイドラが学説のイドラとも呼ばれることがあるのはそのためである。

哲学を武器にするためのヒント

ビジネスには至るところに4つのイドラが潜んでいる。イドラに囚われていては正しい判断はできない。1：自分の主張に固執していないか、2：自分の価値観だけで判断していないか、3：その口コミは信用できるか、4：権力のあるものの判断に寄っていないか。4つのイドラがないか確かめることで、ミスや失敗を防げるのである。

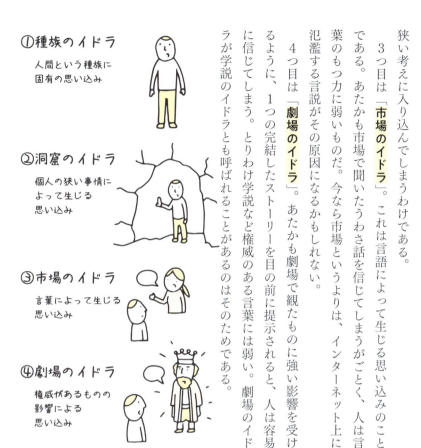

006

帰納法／演繹法

induction（英）Induktion（独）／deduction（英）Deduktion（独）

超訳
事例から法則を導く方法／結論から応用する方法

フランシス・ベーコン（1561～1626）
イギリスの思想家。イギリス経験論の創始者。知識による自然の克服を訴える。著書に『随想録』『ノヴム・オルガヌム』がある。

ルネ・デカルト（1596～1650）
フランスの哲学者。疑い得ないのは意識だけであるとする「我思う、ゆえに我あり」という言葉で有名。著書に『方法序説』『情念論』などがある。

○ロジックを組み立てる2つの論理的思考法

「**帰納法**」と「**演繹法**」とは、物事を推論するための論理的思考法のことである。

帰納法はさまざまな事実や事例を分析することで見えてくる傾向をまとめあげて結論につなげる思考法。個別の経験を重視するという点で、**経験論**から帰結する思考法だといえる。経験論は近世イギリスの哲学者**ベーコン**に端を発する。帰納法自体は古代ギリシアの哲学者**アリストテレス**が発見したものだが、ベーコンはそれがいい加減だと非難して、新しい論理を提起した。つまり、アリストテレスの帰納法は、ありふれた事例を集めて、よく検証もせずに結論を導き出している点に問題があるというのだ。

たとえば、虫や小動物などさまざまな生物を観察してみると、生物というものは細胞からできているという一般法則を導き出すことができる。その際注意しなければならないのは、あらゆる事例を検証することで

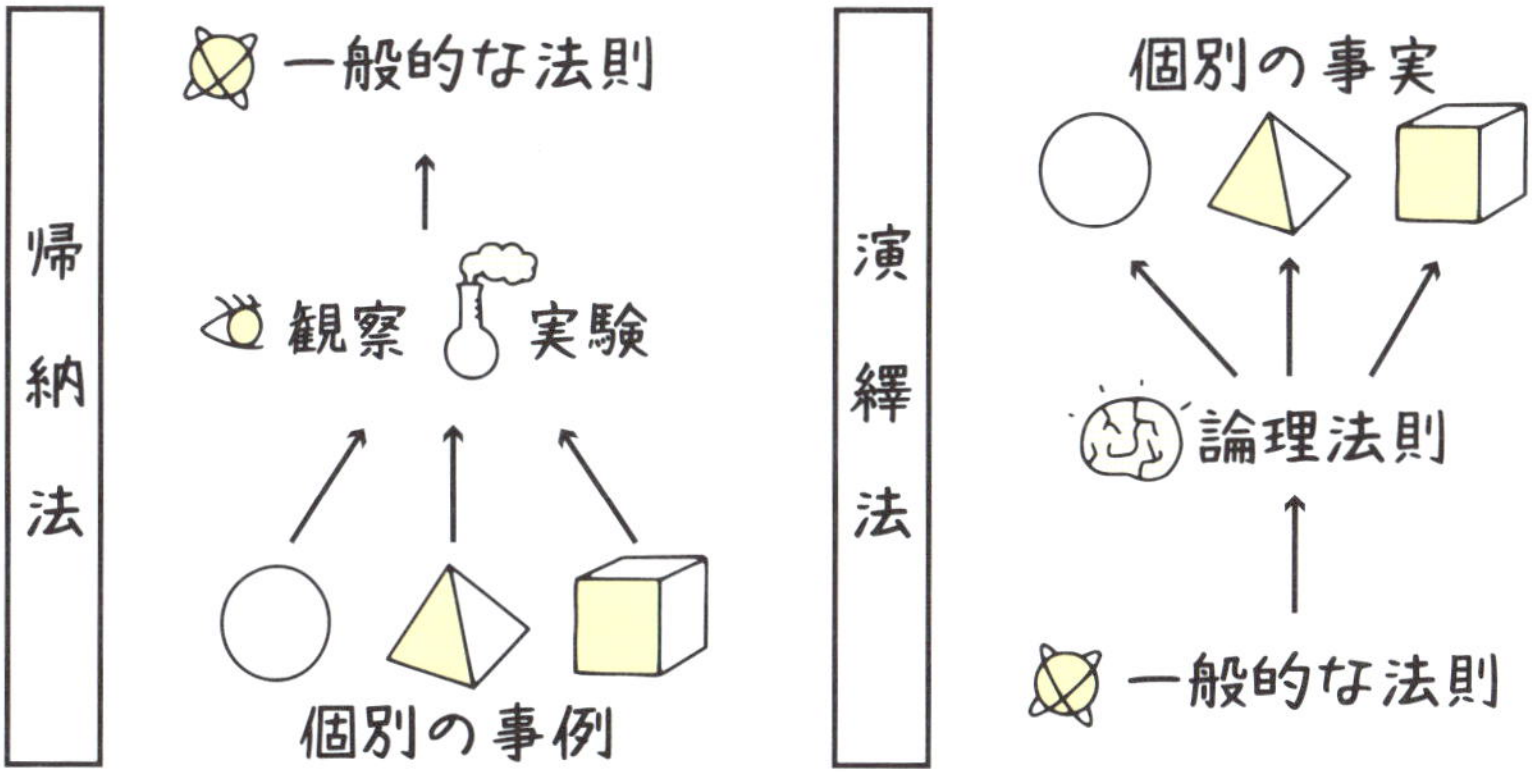

ある。都合のいいデータだけを集めて検証するのでは帰納法にならないからだ。

これに対して、**演繹法**とは一般的な前提から始めて、三段論法などの論理法則に基づいて個別の事実を導いていく方法を指す。たとえば数学の公式に当てはめて答えを導く場合のように。

これは一般的な法則を前提とする**合理論**から帰結する思考法であるといえる。近世フランスの哲学者**デカルト**がいうように、人間には生まれもった観念（**生得観念**）があると考えてはじめて成り立つ思考法だ。

哲学を武器にするためのヒント

帰納法と演繹法の使い方を覚えておくと、ビジネスに役立つ。物事を検証するときは、サンプルを集めて具体的な結論を導き出す帰納法を。物事を応用するときには、その分野の基本ルールに基づいてアイデアを導き出す演繹法を用いる。企画書やプレゼンは、帰納法（マーケティング）と演繹法（アイデア）の複合技で提案すれば完璧だ。

007

aporia（英）aporia（ギ）

アポリア

超訳

永遠に答えの出ない難問

アリストテレス（前384～前322）
古代ギリシアの哲学者。「万学の祖」と称される。その思想は師のプラトンとは異なり現実主義的。著書に『政治学』『ニコマコス倫理学』などがある。

ジャック・デリダ（1930～2004）
フランスの現代思想家。脱構築概念によって西洋哲学の伝統を問い直す。著書に『エクリチュールと差異』『グラマトロジーについて』などがある。

○1つの問いに対して相反する2つの見解がある状況

「**アポリア**」とは、永遠に答えの出ない難問のことである。文字通り訳すと、行き詰まりとか袋小路という意味になる。もともとは古代ギリシアの哲学者**ソクラテス**が問答をした際、相手から出てきた答えに矛盾するような質問を投げかけたことに始まる。たとえば、「運命は決まっている」と答えた人に対して、「運命を変えることもできるのではないか」と問うようなケースである。つまりアポリアとは、相反する推論がともに成り立つ状況を指しているのだ。

同じく古代ギリシアの哲学者**アリストテレス**も、アポリアのことを「相反する推論の対等性」と定義しているが、これもまた同時に成り立つ2つの理屈のことをいっているわけである。たとえば、人間は生まれてきたからには生きなければならない。しかし同時に、生まれてきた瞬間から、もう死に向かって進んでいるのである。まさに生きるということは、相反する2つの理屈が同時に存在するアポリアだといえる。

20世紀フランスの哲学者**デリダ**には、その名もずばり『アポリア』という著書がある。彼によると、アポリアとは**パラドクス**（逆説）だとか**アンチノミー**（二律背反）、あるいは不可能なものとして表現される。

なぜ不可能なのかというと、相反するものが同時に存在することはできないからだ。他者という存在を知ろうと思えば、それは自分の中に他者をとり込むことであるから、もはや他者ではなくなってしまうように。

その意味で、アポリアとは永遠に答えの出ない難問なのだ。考えてみると、先ほどの生きるという問いもそうだが、哲学の問いは概《おおむ》ね答えの出ない問いばかりだ。自由とは何かとか、愛とは何かとか。でも私たちはそれらの問いを追求し続ける。したがって、アポリアは単に永遠に解けない難問であるだけでなく、永遠に追い求めるべき理想であるともいえる。

そうとらえると、ビジネスにおいてはチャンスになりうる。ピンチはチャンスというが、アポリアはチャンスなのである。なぜなら、追い求めるべき理想になるからだ。アポリアを発見するということは、ワクワクすることでもあるのだ。仕事でどうしても解けない難問にぶち当たったときは、そのように受け止めてみるのもいいかもしれない。

哲学を武器にするためのヒント

哲学者たちは多くの難問に突き当たり、そのつど新しい思考の道具を開発してきた。現代においても難問は山積みだ。世界では民族問題をいかにして解決しうるかというアポリアや現金の資産性をめぐる貨幣のアポリアなどがある。日本でも、高齢化問題はアポリア化しつつあるといえる。これらを解決する道具が現れることを望むばかりだ。

008

中庸

Mesotes（ギ）golden mean（英）

超訳

ほどほど

孔子（前552年〜前479年）
春秋時代の中国の思想家、哲学者。儒教の始祖。身分制秩序の再編と仁道政治を主張。『論語』は弟子たちが孔子の言葉をまとめたもの。

アリストテレス（前384〜前322）
古代ギリシアの哲学者。「万学の祖」と称される。共同体の倫理を重視した。その思想は師のプラトンとは異なり現実主義的。著書に『政治学』『ニコマコス倫理学』などがある。

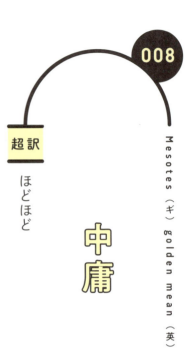

○古今東西で重要とされる「徳」の概念

「**中庸**」というのは、ほどほどという意味である。中国の思想家、**孔子**が説いているのだが、過不足のない適度な態度を保つことだという。これとまったく同じ意味で、古代ギリシアでも**メソテース**という用語が使われている。これも通常、中庸と訳されている。つまり、中庸というのは、まさに古今東西を問わず唱えられてきた普遍的な概念であるといっていいだろう。

古代ギリシアの哲学者**アリストテレス**によると、中庸とは推奨されるべき人間の**徳**であるという。彼は『**ニコマコス倫理学**』の中で、次のように説明している。「恐怖、自信、欲望、怒り、憐れみなどの快不快は、感じすぎることもあれば感じなさすぎることもあり、その両方ともよくない。これらの快不快を、適切なときに、適切な事物に対し、適切な人々に向かい、適切な動機により、適切な方法で感じることが、中庸であると同時に最善であり、これを徳という」と。

つまり、両極端の中間ということである。具体的には、「臆病」と「無謀」の間の適切な状態、中間は「勇敢」となる。同じく「無感覚」と「放埒《ほうらつ》」の中間は「節制」、「追従」と「無愛想」の中間は「好意」、「卑下」と「自慢」なら「誠実」となる。人間はどうしてもどちらかに傾いてしまうものである。中庸を見出し、これを選択できるようになれば、常に正しい選択ができるのだろう。

人間はなかなかそれができないから失敗をするのだ。とりわけ、共同体の中では中庸が不可欠である。アリストテレスが中庸を唱えたのも、共同体における徳として必要だと思ったからだ。古代ギリシアの都市国家では、人々は狭い共同体の中でお互い助け合いながら生きてきた。と同時に、お互い相手の邪魔をしないように配慮してきたのだ。それを実現するのが中庸にほかならない。

したがって、ビジネスにおいても、会社のような組織の中で中庸を心がけることは不可欠だろう。つまり、やりすぎないということだ。それは極端に我を張ったり、欲を出しすぎたりしないことでもある。

哲学を武器にするためのヒント

『四書』と呼ばれる書物のうちの1つのタイトルが『中庸』。この書物では、中庸を「過不足なく偏っていないこと」とし、アリストテレスは「過不足と不足を調整するもの」としている。アリストテレスによると善きリーダーは中庸というバランス感覚をもっているという。これは現代のリーダシップにも当てはまる資質といえるだろう。

009

tabula rasa（ラ）

タブラ・ラサ

超訳

白紙の心

ジョン・ロック（1632～1704）
イギリスの哲学者。イギリス経験論の完成者。社会契約説など政治思想でも有名。著書に『人間知性論』『統治二論』などがある。

ルネ・デカルト（1596～1650）
フランスの哲学者。疑い得ないのは意識だけであるとする「我思う、ゆえに我あり」という言葉で有名。著書に『方法序説』『情念論』などがある。

○知識が蓄積されていく心のメカニズム

「**タブラ・ラサ**」とは、「白紙の心」という意味である。近代イギリスの哲学者**ロック**による概念で、人間の心のメカニズムを説明するために用いられた。もともとはラテン語で、何も書かれていない板という意味がある。実際、ロック自身も白紙という表現を用いている。つまり、私たちが経験によって得た知識が、白紙の心に次々と書き込まれていくというわけである。

たしかに、白紙の心に知識を書き込んでいくという概念は、イメージが湧きやすい。通常私たちは、何かを見聞きしたら、それを理解して自分のものにする。あたかも自分だけのオリジナルのアイデア帳が埋まっていくかのように、次々とアイデアが心の中に蓄積されていくのである。

ロックは**経験論**の立場なので、人間は生まれたとき、心の中が白紙の状態だと考える。これに対して、近世フランスの哲学者**デカルト**のように**合理論**に立つ論者は、人間には生まれもった「**生得観念**」があるという。いわば生得観念とは、経験することなしにあらかじめ心に書かれたものである。ロックはこの生得観念を否定するためにタブラ・ラサの概念を唱えたといってもいい。

合理論が意識のみで物事を理解できると考えるのに対して、ロックは意識と身体は一体のものであり、まずは身体が物事を知覚することで、その情報が意識に伝わり、そこで反省と呼ばれる作用が生じるとした。ここでの反省とはつまり理解だと思ってもらえばいいだろう。

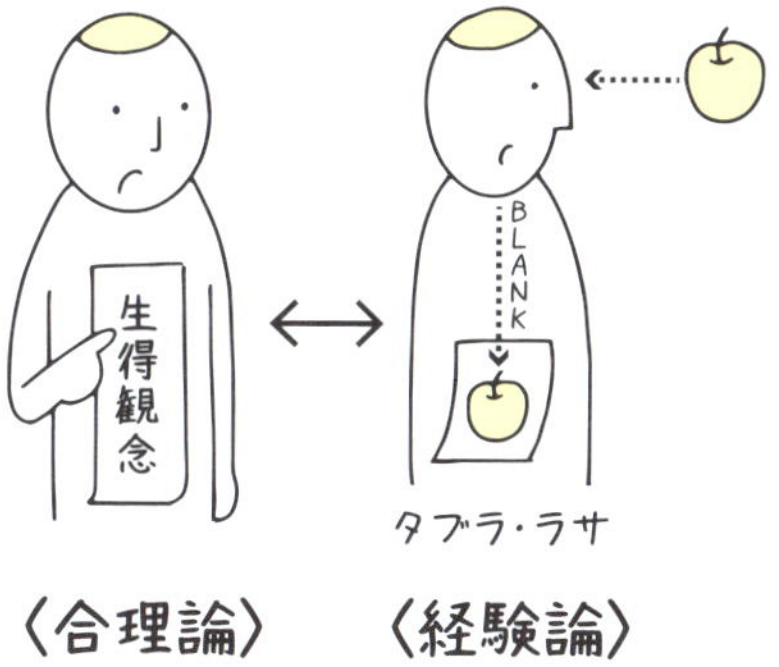

もちろん経験論と合理論、どちらが正しいとはいえないが、少なくとも私たちが経験を通じて何か新しいことを学ぶことができるのはたしかだ。そして私たちは、それがどんどん心に書き込まれていくというのも、実感として納得できるだろう。

哲学を武器にするためのヒント

ロックによると、外界の事物が私たちの感覚を刺激し、白紙の心に印象が与えられ、思考し、疑い、意志をもつといった反応をするという。このプロセスこそが経験である。新しい知識をインプットすることも経験だ。私たちがそうして入手した情報を書き込んでいるタブレットも板という意味だが、これは現代版タブラ・ラサなのかもしれない。

010

観念論

idealism（英）Idealismus（独）
idéalisme（仏）

超訳

世界は私たちが頭の中でつくり上げたものだとする考え方

イマヌエル・カント（1724〜1804）
ドイツの哲学者。倫理学では、無条件に正しい行いをすることを要求。著書に『純粋理性批判』『実践理性批判』などがある。

G・W・F・ヘーゲル（1770〜1831）
ドイツの哲学者。近代哲学の完成者と称される。弁証法概念で有名。著書に『精神現象学』『法の哲学』などがある。

◯物事は私たちが認識しなければ存在しない

「**観念論**」とは、物事の存在が私たちの主観、つまり認識に基づくものであるという考え方を指す。もともと観念とは古代ギリシア語の**イデア**（14ページ）に由来する語、つまり理念のことである。「我思う、ゆえに我あり」といって、人間の意識を世界の中心に据えた近世フランスの哲学者**デカルト**の思想に端を発するものだといってよい。この考えによると、世界は私たちが頭の中でつくり上げたものにすぎないということになる。

観念論を徹底すると、世の中の存在はすべて観念の集合体であるということになる。そうすると、すべては人間がつくり上げたものなので、人間に理解できないものなどないという話になる。ところが、実際にはそんなことはない。そこで**実在論**あるいは**唯物論**と呼ばれる考え方が唱えられた。

実在論とは、物事の存在と、それを私たちがどう認識するかという問題を分けて考えようとする立場である。つまり、世界は私たちがどうとらえるかなどということとは無関係に存在するというわけである。観念論と実在論のいずれが正しいのかは今も議論が続いている。

観念論がもっとも盛んに論じられたのは、近代ドイツである。19世紀後半から20世紀にかけて、ドイツで隆盛を誇った思想の一派「**ドイツ観念論**」がそれである。特に、**カント**の影響を受けた、**フィヒテ**、**シェリング**、**ヘーゲル**の思想をいう。彼らに共通するのは、やはり物事の存在が人間の主観、とりわけ理性によってとらえられるとする点である。

具体的には、カントが物事は人間の認識によって規定されるとする立場を表明したことに端を発する。これは「**コペルニクス的転回**」と呼ばれ、デカルトによる意識の発見に次ぐ革命的な出来事であった。ただし、カントによると、人間の主観ではとらえきれない領域があるという。それを乗り越える形で、フィヒテは、すべては人間の主観を根源にもつとする**主観的観念論**を唱え、これに対抗する形でシェリングが自然の中に宿る客観的な精神のようなものを重視する**客観的観念論**を唱えた。それらを統合する形で、**絶対精神**（38ページ）としての神をもその中にとり込んで**絶対的観念論**を唱えたのがヘーゲルである。観念は神のごとき精神にも到達しうるとし、ドイツ観念論はついにヘーゲルのもとにおいて完成したとされている。

哲学を武器にするためのヒント

21世紀哲学界のロックスター、マルクス・ガブリエルもドイツ観念論を出発点とした1人。思考の絶対的パワーを信じるドイツ観念論は、現代思想にさまざまな影響を及ぼしている。19世紀末から20世紀初頭には新カント派や新ヘーゲル主義など、カントやヘーゲルの哲学を復興させようとする運動も起こった。

物自体

Ding an sich（独） thing-in-itself（英）

超訳

人間には知り得ないこと

イマヌエル・カント（1724～1804）

ドイツの哲学者。倫理学では、無条件に正しい行いをすることを要求。著書に『純粋理性批判』『実践理性批判』などがある。

○人間が物を認識するためのメカニズムとは？

「**物自体**」とは、人間には知り得ないことという意味である。近代ドイツの哲学者**カント**が提起したもので、人間の認識能力の限界を示す概念。カントは、人間が何かを認識するということに関して、画期的な考え方を提起した。つまり、私たちが物を認識しているのではなく、逆に物が私たちに合わせて存在しているというのである。これは地動説を唱えたコペルニクスになぞらえ、「**コペルニクス的転回**」と呼ばれている。

たしかに、私たちがリンゴが赤いと認識するのは、リンゴが赤いからではなく、私たちにはそうとしか見えないからだ。このように、人間が何をどのように認識しているかについて考える哲学の分野のことを**認識論**という。カントは私たちが物を認識するためのメカニズムを明らかにしたのだ。

それによると、まず私たちは「**感性**」によって対象をとらえるという。つまり人はまず感じるということだ。次に、その対象がいったい何なのか、「**悟性**」あるいは「知性」というものによって考え、思惟《しい》する。対象を理解しようとするということである。こうして悟性によってはじめて、対象が何なのかがわかる。

カントは、この感性と悟性の両方の段階において、それぞれ空間と時間、そして因果性などの論理形式をまとめたカテゴリー表と呼ばれる分類表によって、物事が判断されているという。そうした形式を通さないと、私たち人間は物事を認識できないのだ。

それゆえ、私たちが認識できるのは、経験可能な世界に限られてくる。つまり、時間的空間的に説明できる物事、あるいは因果性などの論理によって理解されうる物事に限定されるということである。そんな世界をカントは**現象界**と呼ぶ。これに対して、宇宙の全体のように経験不可能なものは、「**物自体**」といって、認識することができないというのである。

先ほどのリンゴについても、リンゴそのものは認識できても、あくまでそれは人間に知覚できたり、知ることができる範囲に限られている。それ以外の部分、つまりリンゴの物自体は認識できないということだ。ただし、それが何を指すのかは誰にもわからない。カントの認識論は、こうした物自体の存在を明らかにしたところに意義がある。いわば、何を知ることができるかという点において、人間の理性の限界を示したわけである。

哲学を武器にするためのヒント

「カントの物自体」として有名になった命題により、人間は物自体そのものを認識できないのなら、何をもって真理を語ることができるのかという議論は、現代哲学においてもいまだに続いている。認識が変わるだけで、世界が変わるという概念は、ビジネスの現場でも人生においても大いに役に立つだろう。

012

kategorischer Imperativ（独）
categorical imperative（英）

定言命法

超訳

無条件の義務

イマヌエル・カント（1724～1804）
ドイツの哲学者。倫理学では、無条件に正しい行いをすることを要求。著書に『純粋理性批判』『実践理性批判』などがある。

○正しい行いをすることは無条件の義務である

「**定言命法**」とは、無条件の義務を指す。近代ドイツの哲学者**カント**による道徳の原理。カントは、「～すべし」というように、正しい行いについては無条件の義務を求める。これは「もし……なら～せよ」というように、条件によって行動が左右される「**仮言命法**」とは正反対の態度といえる。

定言命法をわかりやすく表現すると、「あなたの意志の基準が、常にみなの納得する法則に合うように行為しなさい」という形で公式化される。私たちの行為の基準は、誰が採用しても不都合や矛盾の生じない、常に当てはまる原則に基づいたものでなければならないというのである。

なぜなら、道徳というのは、条件次第で変わるものであってはいけないからだ。たとえば、お金を積めば道徳の基準が変わるというのはおかしいだろう。嘘をつかない、困っている人がいれば助ける、人を傷つけないといった道徳的行為は、常に求められるべきもののはずだ。

問題は、この原理によっても何が正しいかという中身までは確定することができないという点である。

そこでカントは、もう1つ別の公式を掲げる。それは、人間を決して手段にすることなく、目的として扱いなさいというものだ。常に人格を尊重しなければならないということである。これはまさに絶対的な正しさの基準であるといえる。

つまり、人間の人格を尊重することだけは、道徳の原理として絶対に正しいとされるわけである。なぜなら、人間は動物と異なり、強制されなくても自分で自分を律することができるからだ。この自律性こそが意思の自由の現れである。そのような意思の自由を備えた人間は、常に尊重すべきかけがえのない存在なのだ。

以上のようなカントの定言命法は、**カント倫理学**だとか**義務論**と呼ばれ、現代社会においても、分野を問わず正しさを考えるための基準の1つになっている。

哲学を武器にするためのヒント

自分の利益や幸せだけを追求することによって、不正な行為を犯しがちな点は、古来、人間の性である。だからこそ無条件に正しい行いをすべきというカントの厳しい基準が求められるのである。「もし〜したら」という言い訳は通用しない。どんなことがあっても「〜すべし」という態度が多くの人を動かす。

013

弁証法

dialectic（英）Dialektik（独）

超訳

物事を発展させる論理

G・W・F・ヘーゲル（1770〜1831）
ドイツの哲学者。近代哲学の完成者と称される。弁証法概念で有名。著書に『精神現象学』『法の哲学』などがある。

○テーゼとアンチテーゼを統合しジンテーゼを見出す

「**弁証法**」とは物事を発展させる論理である。弁証法という名の概念は、古代ギリシアの**ソクラテス**の時代からあった。ただし、もともとは相手の主張の論理的な矛盾を暴き立てるための対話術（ディアレクティケー）にすぎなかった。それを哲学的論理、もっというなら生産的な思考法として位置づけたのは近代ドイツの哲学者**ヘーゲル**だといえる。したがって、一般的には弁証法というとヘーゲルのそれを指す。

ヘーゲルのいう弁証法は、問題が生じたときに、それを克服してさらに一段上のレベルに到達する論理形式や思考法をいう。これによって一見相容れない2つの対立する物事をどちらも切り捨てることなく、よりよい解決法を見出すことができるのである。いわば否定的な要素が発展の契機になっているのである。

具体的には、「正↓反↓合」、あるいはドイツ語で「**テーゼ**↓**アンチテーゼ**↓**ジンテーゼ**」などと表現される。

止揚《しよう》するだとか、**アウフヘーベン**するといわれることもある。

つまり、あるものごと（**テーゼ**）に対して、それに矛盾することがら、あるいは問題点（**アンチテーゼ**）が存在するような場合に、これらをとり込んで、矛盾や問題を克服し（**アウフヘーベン**）、より完璧な発展した解決法（**ジンテーゼ**）を生み出すというものである。これを思考法としてとらえた場合、ポイントは問題点を切り捨てるのではなく、あくまでそれをとり込んで発展させるという部分にある。だから単に1＋1＝2ではなく、1＋1＝無限大の発展が見込めるのである。その意味で、弁証法の結果は、単なる二者択一による妥協や折衷案とは異なる。あらゆる物事は弁証法の繰り返しによって発展していく。ヘーゲルによると、個人の意識は理性を経て「**絶対知**」まで発展し、共同体は家族、市民社会、国家へと発展していくという。さらに世界の歴史も、アジア世界からゲルマン世界の段階へと発展していく。

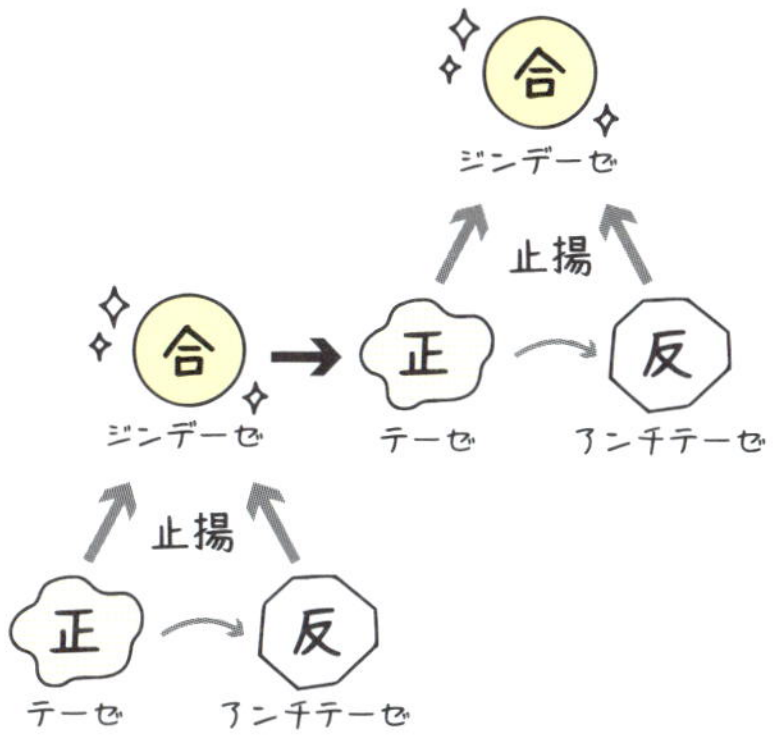

哲学を武器にするためのヒント

弁証法はさまざまな場面で活用できる。「①意見A」にたいして「②意見Aに反対する意見B」があった場合、「③意見Aと意見Bを統合させてよりいい意見Cを導き出す」ことができるのだ。たとえば外食したい→家で食べたい→ならデリバリーを頼もうというふうに。弁証法なら、相反する意見があってもプラスに転換することが可能なのだ。

absoluter Geist（独）

絶対精神

超訳

人間の意識の到達点

真の自由を手に入れられる精神の高み

「**絶対精神**」とは人間の意識の到達点をいう。近代ドイツの哲学者**ヘーゲル**の哲学体系において、最終の到達点とされるものである。ヘーゲルの哲学体系は、「論理」「自然」「精神」という3つの領域に分かれており、これらはこの順で発展していくという。さらに、3つ目の領域である精神は、**主観的精神**、**客観的精神**、そして**絶対精神**へと発展していくのだ。

とはいえ、ヘーゲルの思い描く体系とは、決してピラミッド型の閉じられたものではない。もしそうだとすると、絶対精神はピラミッドの頂点に位置し、そこですべてが終わってしまうことになる。そうではなくて、むしろヘーゲルの体系は、円環のごときものなのである。したがって、完成したと思ったら、また始まりに戻る。

G・W・F・ヘーゲル（1770～1831）
ドイツの哲学者。近代哲学の完成者と称される。弁証法概念で有名。著書に『精神現象学』『法の哲学』などがある。

ただ、その始まりは、最初の始まりとは違い、一段階発展しているのは間違いない。つまり、円環として描かれる体系は、動的に発展を続ける体系でもあるのだ。だから絶対精神も発展し続けることになる。

しかもそれは精神である以上、人間によって発展させられるものである。いい換えると、人間は絶対精神ともいうべき精神の高みにまで成長する存在であると同時に、その成長は永遠に続くのである。

では、絶対精神はどのような意味において絶対なのだろうか？　それは主観的精神や客観的精神のように自然的なものや感覚的なものに制約された精神ではなく、無限の精神である点においてである。いわば、この世界を支える絶対者、神のような存在さえ把握することが可能になるのである。その絶対者と自らが一体であることを悟る知こそが、**絶対知**にほかならない。

またヘーゲルは、精神の本質に自由を見ているので、絶対精神の段階に至ることができれば、真の自由を手に入れることができると考える。それは具体的には、芸術、宗教、哲学といった高度な精神文化の中において具現化されるという。

哲学を武器にするためのヒント

ヘーゲルはプロイセンの大学で教室を溢れさせるほどの人気講師だった。壮大で威厳あるキーワードを駆使したこともその人気の理由の1つで、学生たちを熱狂させたキーワードが「絶対精神」と「絶対知」。人は絶対精神まで成長でき、社会や歴史が、絶対精神で発展するという主張は、現代の自己啓発とも相性がよいといえる。

015

自然状態

state of nature（英）

超訳

権威が存在しない状態

トマス・ホッブズ（1588～1679）

イギリスの哲学者。人工的国家論に基づく社会契約説によって近代的な政治哲学の理論を基礎づけた。著書に『リヴァイアサン』『哲学原論』などがある。

○「万人の万人に対する闘争」状態

「**自然状態**」とは、国家の秩序を欠いたいかなる権威も存在しない状態をいう。通常、自然状態とは、ありのままの状態のことをいうが、哲学では、個人の契約によって国家を形成するという**社会契約説**の文脈で用いられる。17世紀イギリスの哲学者**ホッブズ**がその意味で用いたのが有名。

ホッブズは、社会契約説の生みの親だといってよい。社会契約説とは、**王権神授説**に対抗する理屈である。絶対王政においては、王たちは神から統治する権利を授かったとして、好き放題に振る舞っていた。それを阻止すべく、思想家たちが、人々の契約によって統治の権限が委ねられるという思想を生み出したのである。

ホッブズの場合、人々が契約して、その力を王に譲渡するという説を考えだした。そのため、まずそもそもそうした統治の権力がなければどうなるか考えたのである。

当然、人間には**自然権**がある。快楽を求めて、苦痛を避け、自己の生命活動を維持する権利である。そんな生命維持のために力を行使する人間同士が、互いに争いあったとしたらどうなるか。彼はその状態を**自然状態**と呼んだのである。これこそが誰もが敵同士となって自己の欲求実現のために争う「**万人の万人に対する闘争**」状態にほかならない。

そうした恐怖の無秩序状態を避けるため、人は自然権を抑制する知恵としての**自然法**を求めざるを得ない。自然法とは、個人個人が自然権を追求するためにこそ、みんなでルールを守ろうという合意である。

しかし、自然法の拘束力は良心の域を越えるものではなく、平和の保証足りえない。そこで人は、外的権力の存在を求めるようになる。それが**国家**である。この外的権力としての国家を設定するための方法が、社会契約なのだ。

ホッブズによってその国家は、個々の人間の集合体のような人工的人間、**リヴァイアサン**として構想された。リヴァイアサンは旧約聖書に出てくる海獣の名前だ。ホッブズの思想からは、人間社会における権力の必要性を説明するための示唆が得られるといっていいだろう。

哲学を武器にするためのヒント

自然状態や万人の闘争は、今も秩序が必要なことのたとえとしてよく使われる。たとえば現在のシリアでは、ホッブズがいう自然状態、つまり「万人の万人に対する闘争」を体現するかのような戦闘が行われている。人間が自己の欲求を追求する生き物であることは普遍的な事実なのだ。

016

現象学

Phänomenologie（独） phenomenology（英）

超訳

無心で頭に浮かんだものの中にこそ真実があるとする考え方

エトムント・フッサール（1859〜1938）

オーストリア出身のドイツの哲学者。意識の現象をありのままに記述する現象学の創始者。著書に『厳密な学としての現象学』『イデーン』などがある。

○いったんエポケーすることで真理に向き合える

「**現象学**」とは、無心で頭に浮かんだものの中にこそ真実があるとする考え方をいう。20世紀ドイツの哲学者**フッサール**によって提唱された哲学的立場である。

フッサールは、近代ドイツの哲学者**カント**の**認識論**を乗り越えるべく、この現象学を唱えるに至った。つまり、カントによると、主観が外界にある**物自体**（32ページ）を正確に認識することは原理上不可能だという。とすると、ある認識が正しいという客観性は決して保証されないことになる。そこでその問題を解決し、学問の基盤となる確実性を得ようとしたわけである。

具体的な現象学の方法は、心の中身を考察するうえで、意識に与えられるがままの内容を記述しようというものだ。人間は、世界を見たまま感じたままに素朴にとらえようとする。フッサールはそんな人間の態度を、**自然的態度**と呼んで批判した。

そのうえで彼は、世界に対する判断をいったん中止し、それらを括弧に入れることで、心の中の純粋な意識に立ち返るという方法を提案したのだ。これを**エポケー（判断中止）**という。判断中止することで真理に向き合うことができると考えたのである。これが**現象学的還元**と呼ばれるものである。

現象学的還元によって純粋な意識の内面に立ち戻ると、あらゆる対象は主観の意識の中に現れてくる。いい換えると、すべての対象を自分自身の体験へと置き換える手続きこそが現象学的還元である。

では、意識に現れた世界をありのままに見つめると、いったい何が起こるのだろうか。

フッサールによると、物事の本質を直観することができるという。これは**本質看取**《ほんしつかんしゅ》と呼ばれる。そしてこの直観された本質こそが、学問の確実な基盤になるというわけである。このように現象学は、客観的な真理ではなく、むしろこれが正しいという自分の主観的な確信を根拠とする理論である点に特徴がある。

哲学を武器にするためのヒント

当たり前の認識や判断をいったんカッコに入れるというエポケーは、ブレストなど思い込みや常識を外したいときに役に立つ。情報過多な時代には、自分の考えと思っていても外部の情報に踊らされたものかもしれない。純粋に自分の頭の中に浮かぶ本来の自分の考えに立ち返るためにも、エポケーは現代にこそ必要な技術だといえるだろう。

017

Mind-body dualism（英）

心身二元論

超訳

心と身体は別だとする考え

ルネ・デカルト（1596〜1650）
フランスの哲学者。疑い得ないのは意識だけであるとする「我思う、ゆえに我あり」という言葉で有名。著書に『方法序説』『情念論』などがある。

モーリス・メルロ＝ポンティ（1908〜1961）
フランスの哲学者。哲学史上はじめて本格的に「身体」を主題にとらえた。著書に『行動の構造』『知覚の現象学』などがある。

心は考えるものであるのに対し、身体は延長にすぎない

「**心身二元論**」とは、心と身体を別のものとして切り離して考える立場のことである。**物心二元論**ともいう。近世フランスの哲学者**デカルト**は、「**我思う、ゆえに我あり**」の言葉に象徴されるように、「私」の意識だけは決して疑い得ないと結論づけた。つまり、「私」の意識に特権的な位置が与えられたのである。

しかし、意識が特権化されたことによって、心以外の部分はそれとは別の存在として切り離されてしまった。デカルトによると、心は考えるものであるのに対し、身体を含むそれ以外の物はすべて、機械と同じく「延長」にすぎないという。延長というのは単なる広がりのことを指す。

このようにとらえると、心と身体の関係性を説明できなくなってしまうという問題が生じる。常識的に考えると、心と身体はやはりどこかでつながっているはずだと考える。科学的に考えても、悲しいときに涙が

出るメカニズムはどうなっているのかといった疑問が湧いてくる。にもかかわらず、両者はまったく別の性質をもった別の存在であるとすると、いったいどうこの現象を説明すればいいのか。

これについてデカルトは、脳に松果腺《しょうかせん》という部位があって、それが両者の相互作用を生みだしていると説明している。しかしその説明に説得性はなく、後の哲学者たちはこの問題をめぐって頭を悩ませることになる。デカルトに端を発する**大陸合理論**の哲学者たち、たとえば17世紀オランダの哲学者**スピノザ**や、同じく17世紀ドイツの哲学者**ライプニッツ**のように、すべてを1つの原理で説明しようとする**一元論的思想**は、ある意味でこの問題を解決しようとした結果だということもできる。

現代においてこの問題に本格的にとり組んだのは、20世紀フランスの哲学者**メルロ＝ポンティ**である。彼は、意識と世界をつなぐインターフェイスとして身体をとらえた。世界は同じ**〈肉〉**でできていると唱えたのである。

さらに現代では、**心の哲学**（140ページ）の領域において、**クオリア**（146ページ）に関する研究など科学の知見も加味しつつ、心とは何か、そして心と身体の関係性はどうなっているのかが、新しい視角から再度議論され始めている。

哲学を武器にするためのヒント

多くの哲学者が頭を悩ませてきた心身二元論にまつわる課題を「心身問題」という。現代の心身問題は、認知科学・神経科学・理論物理学など科学的な知識を前提として語られる。とくに物質である脳や体からどのように「心」というものが生じるかは、AIを考えるうえで欠かせない命題となっている。

018

両義性

ambiguïté（仏）ambiguity（英）

超訳

身体のコントロールできる側面とそうでない側面

モーリス・メルロ＝ポンティ（1908〜1961）

フランスの哲学者。哲学史上はじめて本格的に「身体」を主題にとらえた。著書に『行動の構造』『知覚の現象学』などがある。

○世界は〈肉〉という同じ1つのもので構成されている

「**両義性**」とは、身体のコントロールできる側面とそうでない側面のことをいう。20世紀フランスの哲学者**メルロ＝ポンティ**の**身体論**を象徴する用語。メルロ＝ポンティによると、身体というのは、自分にとっても自分であり自分でない二面性があって、だからこその身体は意識とは別に他者との関係性を勝手に形成し、かつその延長線上に世界との関係性をもつくりあげるすごいものだということになる。

このことは右手を左手で触ってみればよくわかる。私たちは意識して右手で左手に触れているつもりだが、左手に意識を集中すると、右手に触られている感覚にとらわれるだろう。このように身体には、自分の意識によってコントロールできる側面と、それとは独立して存在している側面があるのだ。

そもそも両義性とは、2種類の異なるものが混ざっているという意味であるが、とりわけここでは身体が自分のものであると同時に、かつ同時に自分の意識ではないということを意味する。あるいは自分と外部がまざっているといってもいいだろう。身体をおいて、ほかにそんなものはこの世に存在しない。机とかパソコンは完全に自分の外部にあるのだから。

自分の身体だけでなく、他者の身体との関係性を表す**間身体性**の概念も、この両義性がベースになっている。つまり、間身体性とは、両義性をもった身体が勝手に距離をとって、意識より先にコミュニケーションをしているということである。たしかに私たちは、相手と話すより先に、身体で距離感をはかることがある。

メルロ＝ポンティは、その延長線上に**〈肉〉**という概念を提案している。〈肉〉とは、世界を構成する肉という意味である。つまり、世界は〈肉〉という同じ1つのもので構成されているというのだ。私たちの意識も身体も、全部その〈肉〉の一部なのである。

以上のメルロ＝ポンティの身体論を総合して説明すると、私たちは意識を中心に物事を考えすぎているけれども、本当は身体に引っ張られていることが多いということなのである。

哲学を武器にするためのヒント

今、医学やバイオテクノロジーの発展によって、身体拡張が進んでいる。たとえば、ハイテクの義手だとか、目にVRを入れるとか。メルロ＝ポンティの議論に即して考えると、それによって意識が身体の変化に追いつかないようなことが起こる怖れがある。なぜなら、急に増強した身体が、意識を無理に引っ張ってしまうことがありうるからだ。

019

純粋持続

durée pure（仏）

超訳

心の中の時間の感覚

アンリ・ベルクソン（1859〜1941）
フランスの哲学者。生命進化の根源的な力として、「エラン・ヴィタール（生命の飛躍）」概念を提起。著書に『時間と自由』『創造的進化』などがある。

○純粋持続の時間の中で生命は「エラン・ヴィタール」する

「**純粋持続**」とは、心の中の時間の感覚をいう。20世紀フランスの哲学者**ベルクソン**による時間に関する概念で、彼の**生命哲学**の特徴を示している。通常、時間は、線を描いて時系列で量的に計れるものとして把握される。1時間、2時間というふうに。しかし、ベルクソンにいわせると、そうではなくて、時間はもっと人間の内面にある直観的なものだというのだ。いわば心の中の時間だ。

別のいい方をすると、時間の瞬間瞬間は別々のものではあるものの、じつは自分の中でそれらがつながれて、一部分が全体を映し出すような形で存在するものだという。つまり、時間というのは、メロディと同じで、新たな音がそこに加えられると、全体が変わってしまうのだ。

にもかかわらず私たちは、あたかも数字を足すかのように、単にそこに1つ音が加わっただけだとしか認識しない。ベルクソンにいわせると、これは時間を空間と同じようにとらえてしまっているからだ。空間は測れるものだ。1平方メートル追加すれば、それだけ部屋は大きくなる。ところが時間はそうではない。

このように時間の観念をとらえ直すと、過去もただすぎ去るものではなくなる。記憶は過去の出来事ではなく、それを思い出しているとき、じつは過去が生き直されているのである。その場合、記憶は頭の中に眠っていたものが引き出されるのではなく、過去にそのまま存在しているといえるだろう。

このような時間の概念を前提に、ベルクソンは独自の進化論を展開した。それが**「エラン・ヴィタール」**と呼ばれるものである。**「生命の飛躍」**という意味だ。つまり、ベルクソンによると、生命は決して単線的に進化を遂げたのではなく、むしろ多方向に飛躍するように進化してきたと考えられるのである。

哲学を武器にするためのヒント

サッカーの試合で1点差で3分間のアディショナルタイムに入ったとしよう。負けているほうは3分間を短く感じるが、勝っているほうは長く感じる。このように時間は決して一定のリズムを刻むものではないというのがベルクソンの考えだ。人生100年時代といわれるが、あっという間と感じるか長いと感じるか、時間の概念は人生さえも左右する。

020

純粋経験

pure experience（英） reine Erfahrung（独）

超訳

経験に先立つ原初の状態

ウィリアム・ジェームズ（1842〜1910）
アメリカの哲学者、心理学者。心理学の観点からプラグマティズムを発展させた。著書に『宗教的経験の諸相』『プラグマティズム』などがある。

西田幾多郎（1870〜1945）
日本の哲学者。京都学派を創設。絶対無という概念を唱えて、日本発の西田哲学を確立した。著書に『善の研究』『無の自覚的限定』などがある。

○日本哲学を代表する無の哲学

「**純粋経験**」とは、人間が何かを経験する直前の原初の状態をいう。京都学派を創設した日本の哲学者、**西田幾多郎**が、『**善の研究**』の中で提起した概念。この概念自体は、アメリカの哲学者**ジェームズ**がすでに唱えていたものであるが、西田はそれを日本の禅の文脈で深化させたといっていいだろう。

西田は「疑うにも疑いようのない直接の知識」とは何かを追求しようとしたという。その答えが、主観と客観とにまだ分かれず、**知情意**《ちじょうい》の区別もまだない純粋経験だと考えた。

つまり、何かと接したとき、人はそれを経験することになるわけだが、その直前の段階があるはずだという。その経験する直前の段階というのは、いわば自己が対象と一体となって混在している状態である。だから経験に先立つ原初の状態なのだ。いわば物事を意識する前の忘我状態みたいなものである。

たとえば、音楽が耳に入ってきたとき、「これは何の曲だろう」などと考え始める直前のように。あるいは、何かわからないまま口にして、「これは何の食べ物だろう」と考え始める直前のように。それは瞬間的にのみ存在する。たとえどんなに短い時間であったとしても、論理的には対象と接した自分が、それについて経験といえるほど頭を使って理解するまでの間に純粋経験ともいうべき段階が存在するということである。

西田は、その純粋経験の先に人格の実現としての「**善**」を発見した。これが彼の本のタイトルの意味でもある。

つまり西田のいう善とは、自他の区別をしない感覚であり、ひいては個人が人類一般の発達に貢献することであるという。その意味での善が、主観と客観を区別しない純粋意識の延長線上に成立しうるというわけである。人間は、何か対象に接すると、それと自分の意識とをかかわらせようとする。そのプロセスを通して、自らの人格を形成していく存在である。その頂点が善ということになるのだ。

さらに西田は、対象と意識のかかわる「**場所**」という概念に着目するようになる。何らかの対象について思考する際、意識が現れる場所という意味である。それはあらゆるものが現れる無限の場所でもある。こうして西田の純粋経験は、日本哲学を象徴する**無の哲学**へと発展していった。

哲学を武器にするためのヒント

西田のいう純粋経験や無の概念は、西洋とは異なる発想を生む源泉になる。だからこそシリコンバレーでも禅などの東洋思想に注目が集まっているのだ。西田幾多郎は日本ではあまり知られていないが、海外ではもっとも有名な日本の哲学者であり、欧米の知識層からの注目度も高い。マインドフルネスの実践は、西田哲学の実践にも近い。

021

Basis／Überbau（独）

下部構造／上部構造

超訳

社会制度／経済活動

カール・マルクス（1818～1883）
ドイツの哲学者、経済学者。人間疎外からの解放を目指す「マルクス主義」を確立。著書に『経済学・哲学草稿』『資本論』などがある。

上部構造は下部構造によって決まる

「**下部構造**／**上部構造**」というのは、それぞれ社会制度と経済活動を指す。近代ドイツの哲学者**マルクス**が分析した社会の構造である。マルクスは人間の思想や法、政治の制度などといった上部構造は、**生産手段**や**生産活動**といった下部構造によって決まってくると考えた。

つまり経済活動が土台となって、それによってすべての社会制度の中身が決まってくるというわけである。それまでの哲学者たちが、思想や観念こそ経済のあり方を決定すると考えてきたのとは正反対の発想だといえる。

こうしてマルクスは、生産力の向上により下部構造が発展すると、やがて革命が起き、上部構造も変化すると考えた。これが**唯物史観**《ゆいぶつしかん》と呼ばれる彼の独特の歴史観である。

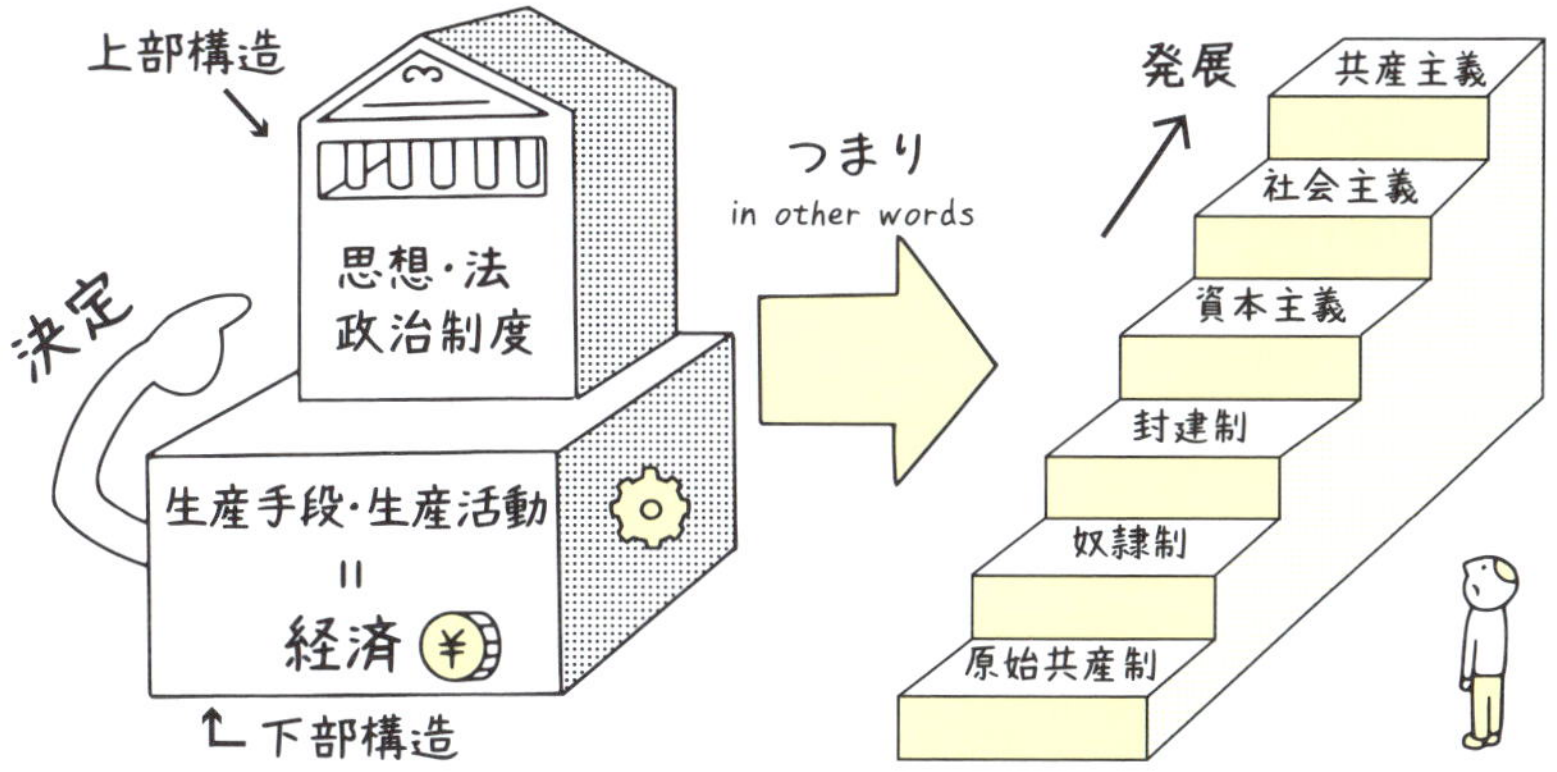

つまり、生産力が生産性の向上によって生産関係にそぐわなくなったとき、その矛盾を原動力として、歴史は次の段階へと進展する。具体的には、原始共産制、奴隷制、封建制、資本主義、社会主義、共産主義と展開していくというのだ。

したがって、矛盾にあふれた資本主義は革命によって壊され、生産力に応じた社会へと移行していかざるをえない。つまり次にくるのは、能力に応じて働き、働きに応じて分配するという社会主義、あるいは能力に応じて働き、必要に応じて分配を受けるという共産主義にほかならないとマルクスはいう。

哲学を武器にするためのヒント

ビジネスにおいては、マルクスの文脈を超えて、上部構造と下部構造という物の見方をすることは有益だろう。あらゆる物事にはそれを規定する背景や要因があるはずだからだ。物が売れているのには必ず理由があるし、売れていないのにも理由がある。下部構造を研究することで新たなビジネスの芽を見いだすことができるかもしれない。

022

signe（仏）

シーニュ

超訳

記号としての言葉

フェルディナン・ド・ソシュール（1857〜1913）

スイスの言語哲学者。構造主義言語学を生み出し、構造主義に影響を与える。ただしその思想は、死後弟子たちによって出版された著書『一般言語学講義』によって歪曲されたとして、現在見直しが進んでいる。

○シーニュを構成するシニフィアンとシニフィエとは？

「**シーニュ**」とは、言葉を記号としてとらえたものである。19世紀スイスの言語哲学者**ソシュール**による概念。言葉には音と内容の2つの要素がある。たとえば「カネ」と聞いただけでは、金なのか、鐘なのかわからないのはそうした理由からだ。

この点についてソシュールは、言葉を1つの「**シーニュ**（**記号**）」ととらえ、それを「**シニフィアン**（**記号表現**）」と「**シニフィエ**（**記号内容**）」とに分解する。つまり、シニフィアンとは言葉の音の側面であり、シニフィエというのはその音の指す内容をいう。先ほどの「カネ」というシニフィアンに対しては、「金」や「鐘」といったシニフィエが対応しているわけだ。

こうして言葉は、シニフィアンによって音の領域が画定され、シニフィエによって内容の面が画定される。

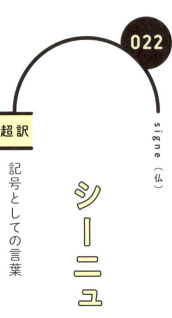

したがって、ソシュールによると、言語記号によってはじめて物事の観念は明らかになるわけである。新しい出来事が話題になるときは、まさにこのプロセスを踏んでいる。つまり、その出来事が言葉で表現され、名づけられることによってはじめて、意味が画定するのだ。

ソシュールはこのシニフィアンとシニフィエの切っても切れない関係を、水における水素と酸素にたとえている。水を水素と酸素に分けてしまったらもはや水ではない。それと同じで、言語も音と意味を分けてしまったら、もはや言語学の次元にはいないことになる。すでに言語的実体は存在しないということだ。

もっとも、あるシニフィアンが特定のシニフィエに結びついているとしても、その結びつきには何の自然的関連性や論理的関連性があるわけではない。その証拠に、日本では犬を「イヌ」と呼ぶが、英語圏では「ドッグ」と呼ぶし、中国語圏では「ゴウ」だ。つまりシニフィアンとシニフィエの結びつきは恣意《しい》的《てき》なものなのだ。

ソシュールは言語記号自体がそもそも恣意的だといっている。自然法則を基準にしているわけではなく、あくまでその社会で恣意的に決められたものにすぎないからだ。

哲学を武器にするためのヒント

音と意味の結びつきによってはじめて言葉が確定するという発想は、商品などのネーミングに使われる。売れる商品のネーミングは音と意味の絶妙な組み合わせにかかっている。ソシュールの記号論は、現代ビジネスにおけるマーケティングやリサーチにも影響を与えている。またSEO（検索エンジン最適化）を考えるうえでも参考になる概念である。

023

構造主義

structuralisme（仏） structuralism（英）

超訳

物事を全体の仕組みで考える立場

クロード・レヴィ＝ストロース（1908～2009）
フランスの文化人類学者。構造主義を唱え、西洋近代の優位性を覆そうとした。著書に『悲しき熱帯』『野生の思考』などがある。

○全体に目を向けてはじめて真実を見つけることができる

「**構造主義**」とは、物事を全体の構造、つまり全体の仕組みで考える立場である。もともとはスイスの言語哲学者**ソシュール**などが言語学で行っていた議論を、20世紀フランスの思想家**レヴィ＝ストロース**が完成したとされる。ここでいう構造とは、要素と要素の間の関係からなる全体のことである。簡単にいうと構造主義とは、物事の全体構造に目を向けることで、本質を探ろうとする思想を指す。よく「木を見て森を見ず」といわれるように、本質を見極めるには全体に目を向けることが大事だということだ。

レヴィ＝ストロースが最初に構造主義の発想を思いついたのは、戦争に召集された際、塹壕《ざんごう》の中でふとタンポポを見つけたときだという。花の美しい秩序の中に構造を見出したのだ。その後、言語学などの理論をとり入れ、本格的に構造主義を体系化していった。

そうしてレヴィ＝ストロースが構造に着目して行った研究が、『**親族の基本構造**』の中で紹介されている**交叉イトコ婚**の例である。未開の部族などに見られる、男性とその母方の交叉イトコの女性を結婚させる風習のことだ。

このような風習はいかにも未開な社会ならではのように思われていたのだが、レヴィ＝ストロースは、このシステムの全体構造に目をやることで、ある発見をした。それは、男系家族の男子にとって、母方の叔父の娘は別の家族集団に属している点である。ということは、この関係にある男女が結婚する仕組みにしておけば、常に異なる家族集団間で人の交換が行われ、部族の存続を図れるというわけである。

結局、一部の要素の変化だけに目をとられていては、変わることのない全体構造を見失うということになるのだ。全体に着目し、全体の枠組みそのものが不変であることを認識してはじめて、それを構造ととらえることができる。かくして、一部の現象だけをとらえて未開だとみなされてきた風習は、全体構造を見てみると、意外にも高度なシステムを形成していたことが判明するに至ったのである。

哲学を武器にするためのヒント

一部だけに着目していては見えない本質を、全体に目をやることで発見する。それが構造主義のポイント。本質を見つけるためには、規則性を発見する必要がある。まずは何が起こっているのか現象をもれなく記述する。一見関係なさそうなこともすべて記述し俯瞰するのだ。こうして全体を見渡すことではじめて視界が開けてくるのである。

ブリコラージュ

bricolage（仏）

超訳

即興

クロード・レヴィ＝ストロース（1908～2009）
フランスの文化人類学者。構造主義を唱え、西洋近代の優位性を覆そうとした。著書に『悲しき熱帯』『野生の思考』などがある。

○時間と資源が限られた中、即興で切り抜ける

「**ブリコラージュ**」とは即興のことである。20世紀フランスの文化人類学者の**レヴィ＝ストロース**は、近代科学の思考に対して「**野生の思考**」を提起した。つまり、未開人による野生の思考は、粗野で単純なのではなく、発想が異なるだけだというのである。たとえば動植物の分類に関して、近代科学を知っている私たちは、つくりや性質など中身の違いを基準にするが、未開人は**トーテム的分類**といって外見の違いを比較する。ただ、これはあくまで基本的な発想の違いであって、どちらが進んでいるとか遅れているというい方はできない。近代科学の特性が抽象的で理性的だとすれば、野生の思考はあくまで具体的で感性的なだけだからだ。

その典型がブリコラージュである。「**器用仕事**」などと訳されることもある造語だ。つまり、目の前にあ

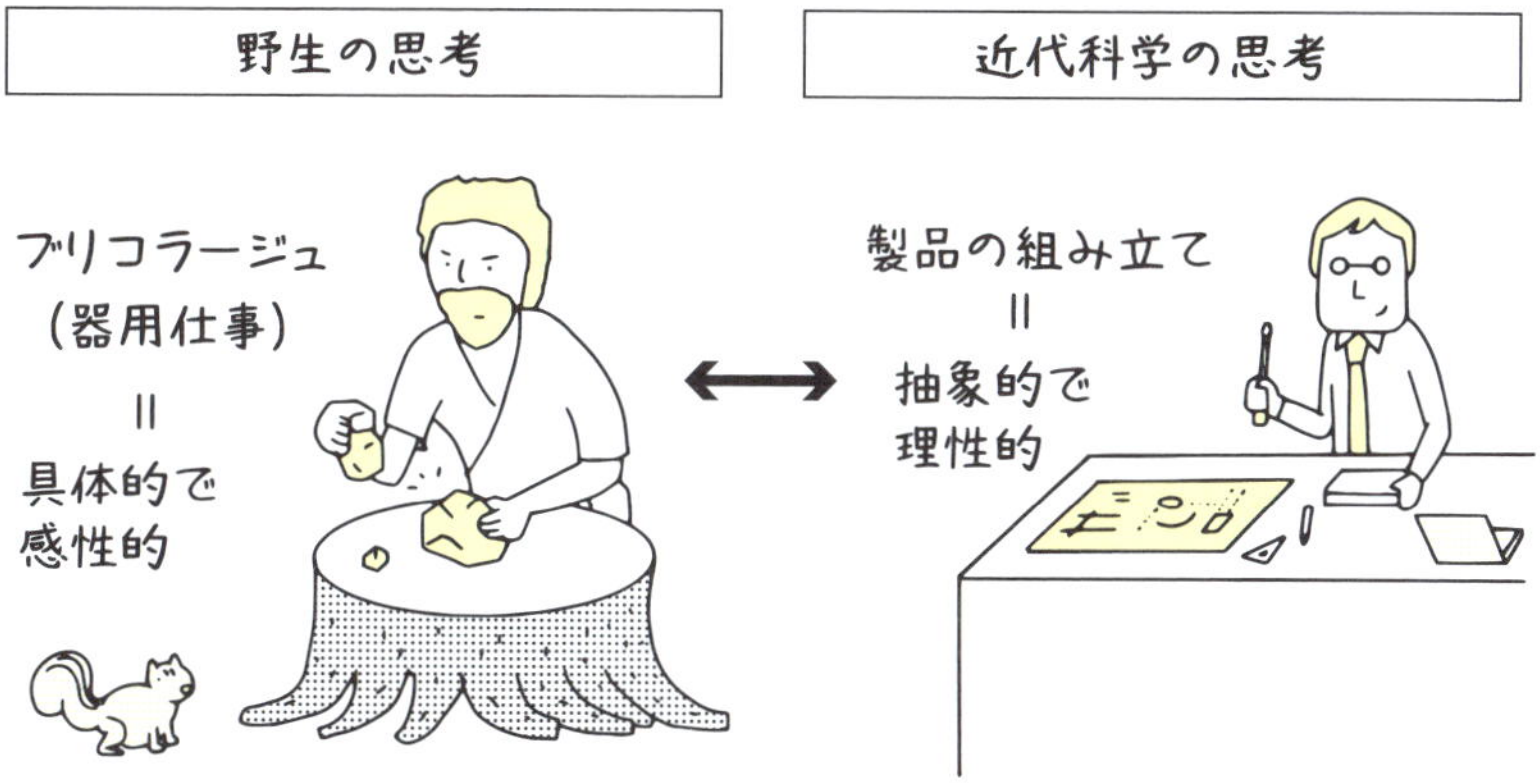

るあり合わせの材料で、適当に何かをつくることを意味している。日曜大工をイメージしてもらえばいいだろう。

おそらくそこには何らかの科学的なものがあるに違いない。レヴィ＝ストロースは、それを**「科学を知らない人たちの科学」**と呼ぶ。世の中は私たちが論理的に理解できる物事ばかりではない。私たちの知らないところにもう1つの世界がある。ブリコラージュは、それを発見するための方法としても利用できる。また、ブリコラージュは神話にも見られるという。神話的な思考は一種のブリコラージュだというわけだ。

哲学を武器にするためのヒント

限られた時間と資源で勝負しなければならないとき、ブリコラージュが重要だ。たとえば、トラブルにとっさに対応し被害を食い止めるなど。また、プレゼンや商談、面接で想定外の質問を受けたときも即興がカギを握る。うまくいけば用意していたものよりインパクトが強い。そんなブリコラージュを訓練するには、とにかく場数を踏むことだ。

025

ポスト構造主義

post-structuralism（英）
post-structuralisme（仏）

超訳

差異を重視する現代思想の総称

ジャック・デリダ（1930〜2004）
フランスの現代思想家。脱構築概念によって西洋哲学の伝統を問い直す。著書に『エクリチュールと差異』『グラマトロジーについて』などがある。

ジル・ドゥルーズ（1925〜1995）
フランスの現代思想家。ポスト構造主義に分類される。生成変化の概念を重視し、新しい哲学を創造することに力を注いだ。精神分析家フェリックス・ガタリと多くの共著を残している。著書に『アンチ・オイディプス』『千のプラトー』などがある。

○構造主義以降の現代思想

「**ポスト構造主義**」は、**レヴィ＝ストロース**によって完成した**構造主義**（56ページ）より後の現代思想を総称する言葉。時期的には1960年代以降の20世紀のフランス現代思想を指すことが多い。ただし、ポスト構造主義はあくまで「ポスト」つまり構造主義の次の流行りにすぎず、必ずしも構造主義を乗り越えたものではない。実際、自らポスト構造主義を名乗る思想家は存在しない。

その意味では、近代より後の哲学はみなポスト構造主義であり、イコールそれは何もかもを含むごちゃ混ぜの思想であるともいえるだろう。だから近代より後の思想の潮流を意味する**ポストモダン**（100ページ）と同じ意味で使われることがある。ちなみに、2000年代の最新の思想は、**ポスト・ポスト構造主義**などと呼ばれることがあるが、まだその評価が定まったわけではない。

とはいえ、一般にポスト構造主義と呼ばれる思想の特徴は、物事を1つの形に固定化してとらえる、いわば同一性の哲学に対抗して、差異の哲学を打ち出した点にあるといえる。その典型はポスト構造主義の旗手と呼ばれる20世紀フランスの哲学者**デリダ**と、同じく20世紀フランスの哲学者**ドゥルーズ**だろう。

デリダは**脱構築**（62ページ）を掲げ、西洋近代において所与のものとされていた二項対立的な価値観を破壊したうえで、新たに構築しようと試みた。その前提となるのが、差異を生み出す運動としての**差延**（64ページ）の概念である。

ドゥルーズのほうは、思想内容もさることながら、精神分析家の**ガタリ**と「2人で書く」というスタイルをとることによって、その戦略自体が同一性を突き崩すものとなっている。彼らもまた差異を重視し、**リゾーム**（206ページ）や**欲望機械**（分裂症患者は「欲望機械」であり、エディプス化されなかった人間であるとするもの）といった新しい概念を次々と生み出していった。

哲学を武器にするためのヒント

ポスト構造主義は、フランス全土で起こった1968年の5月革命に端を発する。労働者階級の権力に対する闘争であったが保守の体制が強化する形で収束し、マルクス主義への疑問が高まったのだ。そこでデリダが考えたのが、脱構築と差延である。脱構築という考え方は、哲学だけでなく、政治、建築、文学など多方面に影響を及ぼしている。

026

脱構築

déconstruction（仏）deconstruction（英）

超訳

一からやり直すこと

ジャック・デリダ（1930〜2004）

フランスの現代思想家。脱構築概念によって西洋哲学の伝統を問い直す。著書に『エクリチュールと差異』『グラマトロジーについて』などがある。

いったん解体し新しく構築し直す

「**脱構築**」とは、既存の物事のあり方を解体し、一から新たな形に構築し直すことを表している。20世紀フランスの哲学者**デリダ**による概念である。近代においては、二項対立を前提にあらかじめ正しいと思われる価値が重視されてきた。デリダにいわせると、それは論理的なものやわかりやすいものを最優先する態度、文字よりも声を優先する態度、目の前に現れたものを正しい存在だとする態度、男性的なものを女性的なものの優位に置く態度、ヨーロッパを他のどの地域よりも優位とみなす態度といったものが根底にあるからだという。

しかし、そうした態度には大いに問題があるといえる。なぜなら、論理的なものだけが正しいという考えが差異を排除してきたからだ。また、男性的なものを優位に置く態度が女性を抑圧し、ヨーロッパ中心主義が植民地支配や戦争を生みだしてきたからだ。

そこでデリダは、こうした西洋近代の哲学体系に特有の二項対立的な態度に揺さぶりをかけることで、解体を試みる。それが脱構築という概念である。脱構築とは「構築（construction）」に、**ハイデガー**の「解体（Destruktion）」という用語を組み合わせて考えられたフランス語「デコンストリュクシオン」という造語の訳である。構造物を解体し、構築し直すという意味になる。ここでのポイントは、単に解体するだけではなく、構築し直すという点にある。

構造物の解体、構築というと、建築用語のように聞こえるが、じつはこの用語は頻繁に建築に応用されている。**脱構築主義建築**と呼ばれるものがそれだ。その特徴は従来の建築の常識を覆すような形態やコンセプトにある。ずれていたり、破壊したような建築が多く見られる。同様の視点から、脱構築は建物以外にもファッションや文学などさまざまな分野に応用されている。

いずれにしても、脱構築が破壊的な営みではなく、むしろ創造的な営みであることは明らかである。それはデリダ自身が、「**脱構築は正義である**」との表現とともに、この概念を望ましいものとしてとらえていることからもわかる。

哲学を武器にするためのヒント

脱構築とは、たとえば男と女という二項対立を問題視し、男性の中の女性的な部分や女性の中の男性的な部分を見出すといったように、言葉の意味を脱して新しい要素を見出す思想。脱構築建築の代表にはザハ・ハディッドがいる。また、画家のアンディ・ウォーホルや小説家のトマス・ピンチョンなど他分野にも脱構築の影響が及んでいる。

027

différance（仏）

差延

超訳

違いを生み出す原動力

ジャック・デリダ（1930～2004）

フランスの現代思想家。脱構築概念によって西洋哲学の伝統を問い直す。著書に『エクリチュールと差異』『グラマトロジーについて』などがある。

○すべての物事に先行する根源的なもの

「**差延**」とは、違いを生みだす原動力のようなものを指す。20世紀フランスの哲学者**デリダ**による概念。私たちはどうしても唯一絶対の価値が存在するかのように考えてしまう傾向がある。その唯一絶対の価値に疑問を投げかけるのが、この差延（différance）という概念である。

フランス語の動詞 différer が、「延期する」と「異なる」の2つの意味をもつことから、デリダがこれをもとにつくった造語である。ちなみに、差異 différence と差延 différance は、発音上はまったく同じであるため、文字として書かれてはじめて区別ができる。そこから、デリダの批判する**音声中心主義**によって抑圧されてきた、差異を生み出す原理を象徴する概念であるとされる。

たしかに、この世に存在するものは、すべてほかのものと違うから意味をもちえる。そうすると、そのような違いを生み出す原理こそが、ものごとの根源であるということになる。いい換えると、いかなるものにも先行する根源的なものこそ、この差延であるといえる。そんな差延の概念には、近代までの西洋の哲学に支配的だった唯一絶対の価値を否定する意図がある。

西洋哲学には、たとえば他我よりも自我が正しく、偽よりも真が正しいなどとする価値観が横たわっている。しかし、自我と他我を見てもわかるように、自我の存在を確認するには、今現在の自分ではなく、過去の自分を基準にしてはじめてそれが可能になる。過去の自分と比べることで今の自分はどうなのかが判断できるのである。

ここで注意しなければならないのは、過去の自分というのは、今の自分から見れば他者であるという点だ。したがって、自我は他我に負っているということになる。

この理屈は真偽や善悪にも当てはまる。偽があるから真が規定でき、悪があるから善が規定できる。そのように理解すると、正しいと思われる価値ですべてを統一することはできなくなる。結局、この世に唯一絶対の価値などないのだ。こうして差延の概念を前提とすると、西洋哲学が当然としてきた価値観が覆《くつがえ》る。これによってデリダのいう**脱構築**（62ページ）、つまり物事を一から見直すことが可能になるのである。

哲学を武器にするためのヒント

ものがどれだけ安定しているように見えても、空間的な差異と時間的な遅延が生じる。この2つの要素をあわせもつ概念が差延。ものを言葉で表現したとき、ものはすでに別のものになっているのに、それを認めないことを「現前の形而上学」として批判した。ちなみに音声言語を指す概念をパロール、文字言語を指す概念をエクリチュールという。

028

negative Dialektik（独）

否定弁証法

超訳

あえて物事をまとめない思考法のこと

テオドール・アドルノ（1903～1969）

ドイツの哲学者。ホルクハイマーとともにフランクフルト学派を形成。ナチスの政権獲得とともに、一時期アメリカに亡命。ヘーゲルの弁証法を否定し、非同一的なものを重視することによって、否定弁証法という概念を打ち立てた。著書に『美の理論』『否定弁証法』などがある。

○普遍的なものよりも個別の差異を求め続ける

「**否定弁証法**」とは、あえて物事をまとめない思考法のことをいう。20世紀ドイツの哲学者**アドルノ**による概念。これはまさに**ヘーゲル**の**弁証法**（36ページ）を否定する内容の哲学である。つまり、弁証法が矛盾を乗り越えて1つにまとめようとする論理であったのに対して、否定弁証法はそれを拒もうとするのである。

鍵を握るのは、「非同一的なもの」という概念だ。差異みたいなものだと思ってもらえばいい。アドルノは、哲学における同一的なもの重視の姿勢から、非同一的なもの重視の姿勢への転換を試みたわけである。

アドルノによると、弁証法が前提とする認識や思考というのは、目の前の対象と頭に描く概念の同一化を意味する。思考とは同一化なのだ。ただ、同一化は、異質で多様な他なるものを、都合よく変形させてしまうという問題がある。それは対象への概念の強制であって、暴力にほかならない。

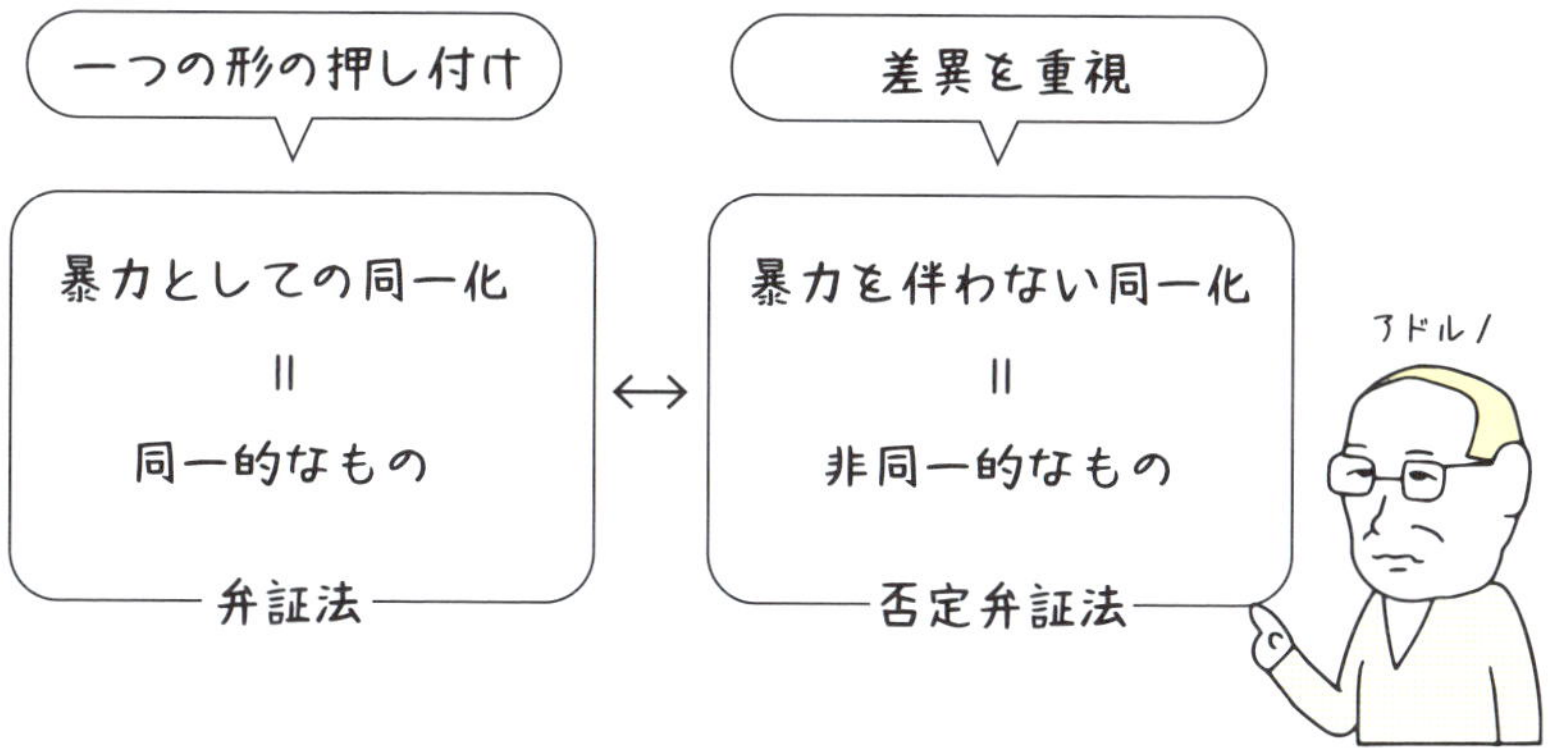

とはいえ、思考というのは、目の前にある対象と言葉の概念を同一化、つまり一致させることなしには成り立たない。そこで私たちが目指すべきなのは、暴力を伴わない同一化ということになる。そのためには、何か1つのものに決めてしまうというのではなく、ほかにも可能性があるという余地を残せばいい。言い換えると、「非同一的なもの」を目的にすればいいのだ。つまりそれは、普遍的なものを求めるのではなく、あくまで個別の差異を求め続けるということなのである。

哲学を武器にするためのヒント

意見A、意見Bがあったとして、弁証法のようにそれを統合して意見Cを見出すのでなく、意見Aは意見Aのまま、意見Bは意見Bのままにしておくのだ。ビジネスでは、つい物事をまとめようとしがちだが、まとめることで切り捨ててしまっているものがあるかもしれない。あえて答えを出さず、いろんな可能性を残しておくこともときには必要だ。

029

determinism（英）

決定論

超訳

人間に自由はないとする考え

ピエール＝シモン・ラプラス（1749～1827）
フランスの物理学者、数学者。「ラプラスの悪魔」と呼ばれる概念を提起し、決定論を唱えた。著書に『天体力学概論』『確率論の解析理論』がある。

○すべてあらかじめ決定しているなら責任はない？

「**決定論**」とは、すべてはあらかじめ決定されていて、そもそも人間に自由などないという考え方。神や宇宙の摂理がそれを決めているというように。あるいは、すべては物理現象であって、私たちの意志や行動でさえその一環であるというように。この議論自体は古代ギリシアの時代からあるが、近代フランスの物理学者**ラプラス**が唱えたのが有名で、現代でも盛んに議論されている。

もっとも、仮に決定論の立場で考えたとしても、自由がまったくありえなくなるわけではない。なぜなら、**自由意志**の存在については考えられるからだ。たとえば、あなたが今急に瞑想《めいそう》を始めるとする。たとえそうすることが神によってあらかじめ決められていたとしても、今自分がそうしようと決めて、実際に行ったのもまた事実。自分が今決めて行動したことを自由と呼ぶのなら、私たちには自由があることになる。

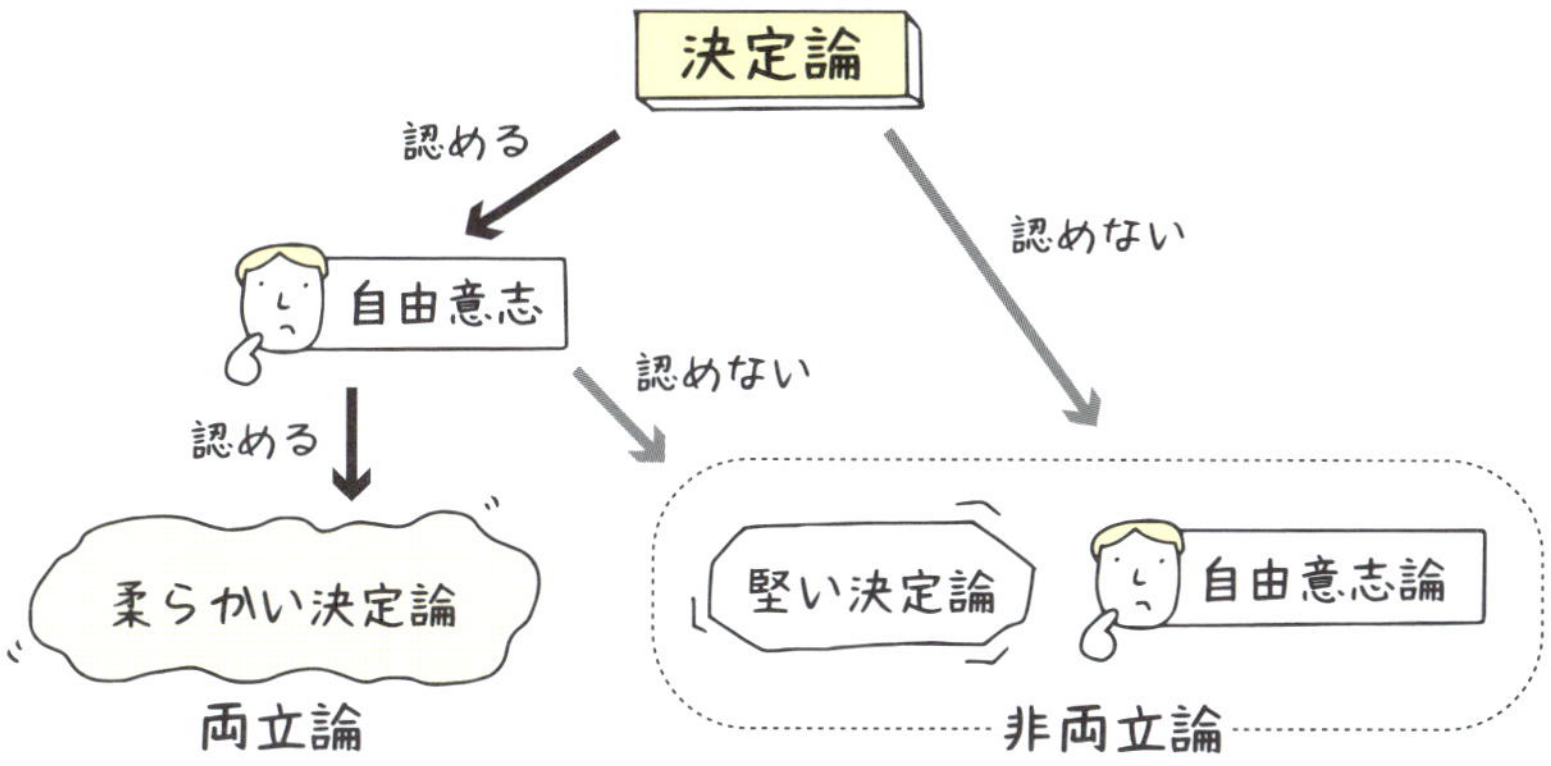

こうした考え方は、決定論と自由意志が両立するという意味で「**両立論**」と呼ばれる。あるいは決定論をより柔軟に解釈するという意味で「**柔らかい決定論**」とも呼ばれる。これに対して「**非両立論**」という立場もある。非両立論の場合は、決定論を堅持するため、自由意志の存在さえ認めない。そこで「**堅い決定論**」とも呼ばれる。非両立論の場合、決定論と自由意志が両立しないということなので、理屈のうえでは決定論そのものを否定する立場も含まれる。自由はあらかじめ決定されず、自由意志も肯定するという「**自由意志論**」の立場がそれである。

哲学を武器にするためのヒント

この議論が実際の場面で問題になってくるのは、道徳的責任のあり方を問うときである。つまり、すべてが決定されていて、個人に自由がないとすれば、何をやってもその人に道徳的責任を負わせることはできないということになるからだ。ただし、それでは現実の社会では不都合が生じてしまうのは明らかだ。

030

分析哲学

analytic philosophy（英）

超訳

言葉の意味の分析を重視する哲学

バートランド・ラッセル（1872～1970）

イギリスの哲学者。もともとは数学や論理学を専門としていたが、徐々に政治活動に従事するようになる。反戦活動で知られる。ノーベル文学賞も受賞している。著書に『プリンキピア・マテマティカ』、『幸福論』等がある。

ルートヴィヒ・ウィトゲンシュタイン（1889～1951）

オーストリア出身の哲学者。「言語ゲーム」概念をはじめ、言語哲学の発展に貢献。著書に『論理哲学論考』『哲学探究』がある。

○分析哲学の登場が「言語論的転回」とされるワケ

「**分析哲学**」とは、言葉の意味の分析を重視する哲学のことをいう。ただし、分析哲学が何を意味するかに関しては、現在多くの議論がある。もっともやっかいなのは、すべての哲学はなんらかの形で言葉の意味を分析するのだから、分析哲学とは哲学そのものを指すとする学者も多い点である。

ただ、一般には分析哲学とは、20世紀英米を中心に発展した哲学の一流派で、言語分析によって真理を探究できると考える立場をいうことが多い。その意味では、近代ドイツやフランスで発展した**大陸哲学**と呼ばれる哲学者中心の研究（デカルト研究とかヘーゲル研究など）とは一線を画している。

その始祖として誰を挙げるかについては、異論もあるかもしれないが、イギリスの哲学者**ラッセル**がその1人であることは間違いないだろう。少なくともその弟子であるオーストリア出身の哲学者**ウィトゲンシュタ**

タインに関しては、哲学とは言語を分析することだと主張していることから、まさに分析哲学を唱えていたといっていい。そのウィトゲンシュタインの考え方に影響を受けたウィーン学団というグループは、哲学の役割は真理の発見ではなく、言葉の意味の分析にほかならないとさえいう。

分析哲学が登場する以前の哲学は、認識したものを言葉で表現するという形態をとっていたが、彼らはそれこそが混乱のもとであるとして、逆に言葉の分析を主に据えたわけである。この発想の転換は、「**言語論的転回**」と呼ばれている。

その後海外では分析哲学の研究はある程度落ち着いてきたように思われるが、最近日本では科学の厳密な分析に対抗するかのように、分析哲学の研究が盛んに行われている。ここでいう分析哲学は、これまで**形而上学**（16ページ）という分野が扱ってきた主題、つまり物事の存在の基礎について厳密に分析を加えるというもので、**分析形而上学**、あるいは**現代形而上学**とも呼ばれることがある。なぜなら、扱われているテーマが、従来形而上学の範疇《はんちゅう》で論じられてきたものとかなりの部分で重なっているからである。その意味では、もはや分析哲学は言葉を分析するだけのものではなく、あらゆる対象を厳密に分析する学問に変わりつつあるといえる。

哲学を武器にするためのヒント

分析哲学は英米で発展した哲学だ。とりわけ20世紀以降、アメリカの影響力が大きくなるにつれ、哲学研究においても従来のドイツやフランスに代わって、アメリカが中心になっていった。じつは日本の哲学研究も例外ではなく、やはりアメリカの影響を受けることが多くなったので、今、分析哲学が盛んになっているという事情もある。

COLUMN

哲学カフェ

「哲学カフェ」という活動がある。1990年代にパリで始まったとされる市民による哲学対話の場である。カフェとつくだけあって、実際にカフェで喧々諤々の哲学的議論が交わされる。さすがは哲学の国フランスだ。

しかしその潮流は一気に世界に広がり、日本でも遅くとも2000年代にはすでにいくつかの哲学カフェが産声を上げている。私も草創期に哲学カフェを立ち上げた1人として、これまで十数年にわたり、1000回にも上る回数のカフェを開催してきた。

哲学カフェのやり方はさまざまだが、一番大事なのは、それが市民による対話の場であるという点だ。つまり、大学のゼミでやるような哲学の小難しい議論をしても仕方ない。それだとついてこられる人はわずかになるからだ。

とりわけ哲学の素養をもった人が少ない日本では、そんなことをしても意味がない。そこで、誰もが気軽に参加できるように工夫することが求められる。そのため、私のカフェでは次の3つのルールを定めている。

①難しい言葉を使わない、②人の話をさえぎらない、③全否定をしない、というものだ。いずれも当たり前のことのように思われるかもしれないが、日本人は議論をするのに慣れていないため、このいずれも軽視しがちである。だから議論をするたび険悪な雰囲気になるのだ。

哲学カフェはあくまで自分が考える場であって、人を説得する場ではない。そういう意識さえあれば、このルールも自然に守れるし、何より生産的で楽しい場になるに違いない。

PART 2

世界を知るためのツール20

ENCYCLOPEDIA OF PHILOSOPHY TERMS

政治経済・グローバル社会

031

イデオロギー

Ideologie（独）ideology（英）

超訳

思想の傾向

カール・マルクス（1818〜1883）

ドイツの哲学者、経済学者。人間疎外からの解放を目指す「マルクス主義」を確立。著書に『経済学・哲学草稿』『資本論』などがある。

○社会的・歴史的立場を反映した思想の傾向

「**イデオロギー**」とは思想の傾向のことである。ドイツの哲学者**マルクス**によると、イデオロギーとは社会の現実からかけ離れ、現実の矛盾を覆い隠してしまうような意識の形態だという。その意味でのイデオロギーは、**虚偽意識**と訳される。したがって、この語はネガティヴなニュアンスで使われることが多いといえるだろう。

マルクスはこれを資本主義批判に用いた。マルクスによると、あらゆる理論が資本主義の矛盾を覆い隠すかのように用いられているという。たとえば、哲学もその1つである。あたかも物事の本質を探究する学問であるかのように見せかけて、じつは無意識のうちに体制を支持するための役割を果たしてしまっていることがあるというのだ。

この無意識のうちにという点がポイントである。イデオロギーはあくまでも思想の傾向なのだ。だから自分では気づかないこともある。そのため、ある考えをイデオロギーだと批判するとき、自分も何らかの別のイデオロギーをもってしまっていることがありえるのだ。

そうしてイデオロギー同士が激しく対立したのが、資本主義対社会主義という冷戦の構図にほかならない。冷戦が長引いたように、互いにイデオロギーだと非難し合っていてもらちが明かないのだ。

にもかかわらず、人は何らかのイデオロギーをもってしまう生き物なのだ。たとえ冷戦が終わっても、相変わらず何らかの思想傾向は存在する。そしてその思想傾向をぶつけ合って対立している。グローバリズムと反グローバリズムのように。

そう考えると、イデオロギーをもつこと自体が問題なのではなく、単にそれを妄信してふりかざす行為が問題なのかもしれない。

哲学を武器にするためのヒント

イデオロギーは政治にとって不可避である。ここにきて、米中のイデオロギー対立が激しさを増している。この対立は「イデオロギー戦争」と呼ばれるまでになっている。古くから続く中華が世界の中心と考える中華思想とトランプ大統領のアメリカ第一主義は、どう考えても対立せざるをえないといえるだろう。

populism（英）

ポピュリズム

超訳

多元的な考えを排除しようとする態度

ヤン＝ヴェルナー・ミュラー（1970〜）

ドイツ出身のアメリカの政治学者。専門は政治思想史、政治理論。著書に『憲法パトリオティズム』『ポピュリズムとは何か』などがある。

○みんながもっている主張を代弁しているという傲慢な態度

「**ポピュリズム**」とは、**大衆迎合主義**とも訳される通り、政治が大衆に迎合しようとする態度を指す。もっとも、実際には民衆のいうことを聞くのではなく、民衆から共感を得るようなレトリックを駆使することで、逆に政治家自らが望む変革を実現するカリスマ的な政治スタイルであるといえる。

民衆の側に不満が生じてくると、その不満を代弁するかのように、**ポピュリスト政治家**が現れる。そのためポピュリズムは、民主主義が機能不全に陥っていることの警告としてとらえられる。今そんなポピュリズムが世界中を席巻しているといっていい。

ドイツ出身の政治思想家**ミュラー**によると、ポピュリズムとは、人々がもつ特定の道徳に基づく政治のイメージを、エリートによる政治と対置させる**反エリート主義**的なものだという。したがって**ポピュリスト**た

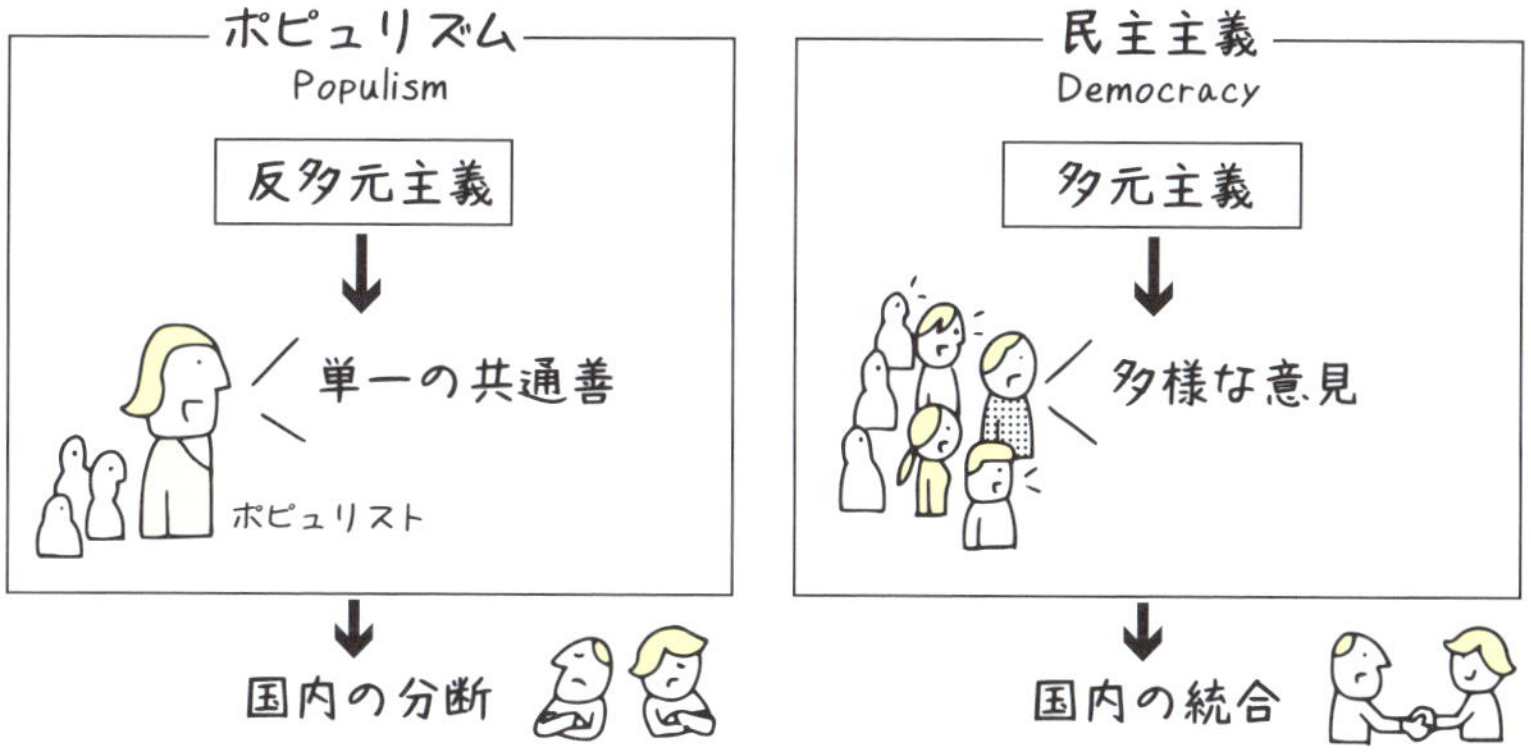

ちは、反エリート主義者たちのニーズに合うような、口当たりのいい物語を提示する。あたかも単一の**共通善**が存在するかのごとく。

しかし、もしそのような共通善が存在するなら、もはや政治参加は必要なくなってしまう。ポピュリズムの問題はここにある。ポピュリストたちは、もともとみんながもっている主張を代弁しているのだから、エリート退治は自分に任せておけという傲慢な態度をとることが許されてしまうのである。そこからミュラーは、他の考えや道徳を認めようとしない**反多元主義**にポピュリズムの本質を見ている。

哲学を武器にするためのヒント

トランプ大統領の大統領就任も英国のEU離脱の問題も、大衆迎合主義と呼ばれるポピュリズムを背景に語られる。また、ドイツ、フランス、イタリア、オーストリアなど欧州ではポピュリスト政党も台頭してポピュリズムが深刻な問題になっている。ポピュリズムは歴史的にもたびたび出現するという。歴史は繰り返しているのだ。

033

反知性主義

anti-intellectualism（英）

超訳

知性と権威の結びつきに対する批判

リチャード・ホフスタッター（1916〜1970）
アメリカの政治史家。ピュリッツァー賞を受賞。著書に『改革の時代』『アメリカの反知性主義』などがある。

○アメリカの民主主義を根底から支える思想

「**反知性主義**」とは、**ホフスタッター**が『アメリカの反知性主義』の中で明確にしたもので、知的権威やエリート主義に対して批判的な態度をとる立場のことという。もともとはキリスト教の平等主義に根差しており、ある意味では民主主義の健全性の表れと解釈することができる。この思想の影響ゆえに、アメリカでは知性を強調すると大統領になれないとまでいわれる。扇動的《せんどうてき》な物言いにもかかわらず大統領に当選したトランプも、反知性主義の産物だとみることができるだろう。

では、なぜトランプの登場によって反知性主義という言葉をよく耳にするようになったのか。それは、トランプが一貫して**知性主義**を批判してきたからにほかならない。トランプは、既成勢力としての権威、エスタブリッシュメントへの批判によって支持を拡大した。具体的には、民主党の大統領候補ヒラリー・クリントンを攻撃するためである。というのも、ヒラリーはそれまでの政権を支えてきた人物であり、エスタブリッシュメントそのものだったからである。さらに、その知的なバックグラウンドもあいまって、まさに知性主義の象徴ともいうべき存在であった。

もっとも、反知性主義は知性を全否定しているわけではない点に注意が必要である。あくまで知性と権威との結びつきを否定するのだ。したがって、むしろ知性に対抗するための知性こそが求められる。

問題は、その知性に対抗するための知性が独善的になりがちな点だ。それはトランプの例を見るとよくわかるだろう。彼自身、名門ペンシルベニア大学ウォートンスクールを卒業しており、本来知性を備えたエリートのはずである。ところが、その知性は独善的と形容せざるをえない。たとえばそれは、いかに理屈が通っているとはいえ、不法移民を防ぐためにメキシコとの国境に大きな壁を建設するといった発言からも明らかだろう。

このように反知性主義は、アメリカの民主主義を根底から支える強みであると同時に、独善的な政治を生み出す不安要素でもあるということだ。そういわれるとたしかに、反知性主義はアメリカという国の2つの側面を象徴しているように思えてくる。いい方を換えると、反知性主義は諸刃の剣なのだ。

哲学を武器にするためのヒント

アメリカ人とビジネスをしたり、交流を深めるには、反知性主義に対する理解が不可欠だろう。一見エリートに見えても、そこにはエスタブリッシュメントと反知性主義の2つのタイプが存在するということである。過去の大統領選挙でも、知的なイメージのあるゴアではなく、ブッシュが選ばれたのも反知性主義の結果といえるかもしれない。

034

功利主義

utilitarianism（英）

超訳

快楽の量で正しさを決める立場

ジェレミー・ベンサム（1748～1832）
イギリスの哲学者。「最大多数の最大幸福」で有名な功利主義の始祖。著書に『政府論断片』『道徳および立法の諸原理序説』などがある。

J・S・ミル（1806～1873）
イギリスの哲学者。ベンサムの功利主義を批判的に継承し、質的功利主義を唱えた。また自由主義にも多大な影響を与えた。著書に『功利主義論』『自由論』などがある。

○最大多数の最大幸福を求める思想

「**功利主義**」とは、行為の善悪の判断を、その行為が快楽や幸福をもたらすか否かに求める倫理観のこと。いわば快楽の量で正しさを決める立場だ。近代イギリスの思想家**ベンサム**によって唱えられた。

この原理を社会に適用すると、社会の幸福とは1人ひとりの幸福を足し合わせたものということになる。それが「**最大多数の最大幸福**」という有名なスローガンによって表現される内容である。このスローガンによると、社会の利益を最大化するためには、少数者の幸福よりも、多数者の幸福を増大させるほうが望ましく、同じ多数者の幸福でも、小さな幸福より大きな幸福を増大させるほうが望ましいということになる。

ベンサムはこれを現実社会に応用して、効率よく囚人を管理するための**パノプティコン**（106ページ）という監獄の仕組みや乞食を閉じ込めるための**救貧院**という施設を提案した。不幸になる少数者を犠牲にするのは、一見ひどい発想のようにも思えるが、じつは私たちの社会はこの功利主義に基づいて設計されている。たとえば、交通事故による死傷者が出るのをわかっていながら、便利さを優先して車社会を続けているのはその証拠である。

この幸福の量だけを重視するベンサムの立場に対しては、高貴な快楽も下賤な快楽も区別しない豚向きの学説などといった批判がある。ベンサムを批判的に継承しようとした19世紀イギリスの哲学者**ミル**の功利主義がそんな批判の典型だ。彼はベンサムと異なり、快楽の「質」に着目した。

質に注目すれば、功利主義は人間の個性に配慮できる豚向きの学説ではなくなるというのだ。実際ミルは、「満足した豚であるよりも、不満足な人間であるほうがよく、満足したバカであるより、不満足な**ソクラテス**であるほうがよい」といっている。ミルの功利主義に従うなら、量は少なくとも、質さえよければ幸福だといえることになる。

しかし、質に着目した途端、量を基準とする功利主義の発想を維持できなくなるのではないかとの疑問も残る。功利主義は快楽の量を重視すると割り切るからこそ、明快で現実的な判断基準として現代においても支持を集め続けてきたのではないだろうか。その一例が、人助けは最大の効果を上げるように行うのが正しいとする**効果的な利他主義**（82ページ）である。

哲学を武器にするためのヒント

5人の命か1人の命、どっちを選ぶかというトロッコ問題では、まさに功利主義が1つの基準になる。また、さまざまな哲学用語が登場するSFアニメ『サイコパス』では、潜在犯までもが取り締まられる犯罪監視システムの目的を、最大多数の最大幸福としている。物語では、これにより人々の将来や生死までがシステムによって決められてしまう。

035

効果的な利他主義

effective altruism（英）

超訳

人助けは最大の効果を生む方法でやるのが正しい

ピーター・シンガー（1946〜）

オーストラリア出身のアメリカの哲学者、倫理学者。功利主義の立場から、動物の権利や貧困問題など現代の倫理的諸問題を探求している。著書に『動物の解放』『あなたが世界のためにできるたったひとつのこと』などがある。

慈善団体で働くより稼いでたくさん寄付をせよ

「**効果的な利他主義**」とは、人助けをするなら、一番効果的な方法をとらなければいけないという考え方で、オーストラリア出身の哲学者**シンガー**によって唱えられた。たとえば、慈善団体で働くよりも、金融業界で儲けてたくさん寄付をしたほうが、より多くの人を助けることができるという。シンガーは**功利主義**（80ページ）の立場から、そのほうがより大きな幸福が得られるため、正しい選択だと主張するわけである。

もともとシンガーは、幸福の量が最大になることが正しいとする功利主義の理論家として有名な人物だ。彼の提唱する効果的な利他主義も、功利主義の発想に基づいている。つまり、効果的な利他主義は「自分にできる〈いちばんたくさんのいいこと〉をしなければならない」という考え方であるという。

たとえば、人助けをしたいなら、一番人を助けられる方法をとるのが正しいに決まっているというわけだから、NGOで体を張ってわずかな人たちを助けるより、金融街でお金をたくさん稼いで寄付をしたほうが、人助けという目的を達成するにはいいということになる。

シンガーはそういう働き方のことを、「与えるために稼ぐ」と表現する。与えるために稼ぐ生活を送っている人たちは、そのこと自体にやりがいと誇りを感じ、充実した毎日を過ごしているというのだ。

そしてシンガーは、効果的な利他主義に対する批判は、20年もすれば過去の遺物になるという。ミレニアル世代は、これまでのどの世代よりも企業の社会的責任への関心をもっているからだ。もちろん、シンガーの提案はあくまで資本主義における競争を前提としている。というのも、貧しい人がそれ以上貧しくならないのであれば、富める人が手を差し伸べることのできるシステムのほうがいいと考えるからだ。

哲学を武器にするためのヒント

億万長者であるビル・ゲイツとビル・メリンダ夫妻の寄付もまた、効果的な利他主義の実践である。マラリア対策に多額の寄付をしているからだ。また、シリコンバレーの若者たちの間でも、ビジネスの動機として人助けに役立ちたいという効果的な利他主義のムーブメントが起こっているという。

036

new liberalism／neoliberalism（英）

新自由主義

超訳

政府による自由を求める立場
市場による自由を求める立場

J・S・ミル（1806～1873）
イギリスの哲学者。ベンサムの功利主義を批判的に継承し、質的功利主義を唱えた。また自由主義にも多大な影響を与えた。著書に『功利主義論』『自由論』などがある。

F・A・ハイエク（1899～1992）
オーストリア出身の経済学者、哲学者。オーストリア学派の代表的人物。ノーベル経済学賞受賞。著書に『市場・知識・自由』『隷従への道』などがある。

○ニュー・リベラリズムとネオ・リベラリズムの違いとは？

日本語で「**新自由主義**」と称される政治思想には2種類ある。1つは、**ニュー・リベラリズム**。これは20世紀初頭のイギリスを中心に発展したもので、自由放任を意味する**古典的自由主義**に対して、同じ自由主義でもむしろ個人の自由実現のために社会的公正を重視し、福祉社会の構築を提唱する立場である。

もう1つは、**ネオ・リベラリズム**。いわゆる**ネオリベ**と呼ばれるものである。こちらは個人の自由や市場原理を重視し、政府による個人や市場への介入は最小限にすべきと訴える立場である。

これらの思想は、いずれも自由主義という点では共通の淵源を有している。たとえば、19世紀イギリスの哲学者**ミル**が論じた古典的自由主義である。他人に危害を加えない限り自由は保障されるという他者危害の原則（あるいは危害原理）によって表現されるものだ。

ところが、19世紀も後半になると、産業革命によってもたらされた貧富の差の拡大をはじめ、さまざまな社会問題が噴出してくる。そこで社会主義思想が登場するわけだが、これに対抗して自由主義も形を変えて行った。それがニュー・リベラリズムだ。

イギリスの**理想主義**を代表する哲学者**グリーン**や、社会学者の**ホブハウス**といった思想家たちが主となって、むしろ国家が個人の自由実現のために積極的に介入すべきだと主張し始めたのだ。

20世紀にはこうした福祉国家的な思想が拡大していったのだが、1970年代後半、先進資本主義国の財政危機と共に批判にさらされるようになる。その批判の急先鋒が、オーストリア生まれの経済学者**ハイエク**を先駆とするネオ・リベラリズムだった。ハイエクは国家の介入を批判し、市場の役割を最大限重視した。

ネオ・リベラリズムは1980年代のアメリカにおけるレーガノミクス（ロナルド・レーガンがとった経済政策）以来、市場原理主義ともいうべき競争重視の経済体制として今なお世界中を席巻している。このように、新しい自由主義にも2つのまったく異なる方向性がある点には注意が必要だ。

哲学を武器にするためのヒント

グローバル化と新自由主義、つまりネオ・リベラリズムは共犯関係にあるといっていいだろう。なぜなら、グローバルビジネスというのは、国家の規制をかいくぐってでも利益を上げようとするものだからだ。そんな新自由主義に対する反撃として、理性ある市民はたびたびデモを起こしている。フランスにおけるデモがその典型だ。

037

リバタリアニズム

libertarianism（英）

超訳
個人の自由を極端に重視する立場

ロバート・ノージック（1938〜2002）
アメリカの哲学者。政治哲学の分野においては、リバタリアニズムの代表的理論家として知られる。また、分析哲学における形而上学の復権にも貢献。著書に『アナーキー・国家・ユートピア』『考えることを考える』などがある。

○「右派リバタリアニズム」と「左派リバタリアニズム」

「**リバタリアニズム**」とは、**自由尊重主義**とも訳される政治哲学の用語である。そして、リバタリアニズムを主張する人たちを**リバタリアン**という。一般的には個人の自由や選好《せんこう》を最大限尊重する極端な個人主義の立場を指す。ただ、その内容は幅広く、国家をまったく廃止するという立場から、ある程度の国家のかかわりを認める立場までさまざまである。

ジャーナリズムの世界では、1950年代からリバタリアンを名乗る人たちがいて、それが徐々に普及し、1971年の「全米リバタリアン党」結成に至る。そして1974年、アメリカの哲学者**ノージック**が『アナーキー・国家・ユートピア』の中で、「**最小国家論**」を唱えたことで一気に注目を浴びるようになった。

リバタリアニズムは国家の規模を指標にして、いくつかに分類することができる。まず、国家を廃止するという「**無政府資本主義**」である。「**アナルコ・キャピタリズム**」とも呼ばれる。次に、国家を廃止しないまでも、その役割を国防や裁判、治安維持といった最小限にとどめようというのが、先ほどのノージックに代表される「最小国家論」である。そのほか、ある程度の福祉やサービス提供を行う小さな政府を許容する「**古典的自由主義**」がある。

ただ、むしろ近年は、「**右派リバタリアニズム**」と「**左派リバタリアニズム**」というリバタリアニズム内部での分類が重要な問題になってきている。

右派リバタリアニズムとは、ノージックの最小国家論に代表されるような従来からある立場で、**自己所有権原理**を基礎に置く点に特徴がある。彼らは自己所有権を**自然権**ととらえ、その絶対不可侵性を唱える。つまり、国家が裕福な人に課税し、その財源によって不遇な人に再分配を行うことは、財産権の侵害になるというわけである。それは納税者を奴隷として酷使するのに等しいとまでいう。

こうした右派リバタリアニズムに対して、近年異を唱え出したのが左派リバタリアニズムである。彼らも自己所有権原理を前提として、**市場経済原理**を重視する点は変わりない。しかし他方で、平等主義的な富の再分配も両立可能であるとする点に大きな違いがある。

哲学を武器にするためのヒント

自由を最重視する国、アメリカはリバタリアニズムのメッカだといっていいだろう。だからリバタリアン党も存在する。あのペイパルの創業者ピーター・ティールもリバタリアンとして知られる。彼は国に依存しないお金をつくるためにペイパルを創業したという。国に依存する限り規制を受け続けるからだ。

038

liberalism（英）

リベラリズム

超訳

中立な立場から判断する思想

ジョン・ロック（1632〜1704）
イギリスの哲学者。イギリス経験論の完成者。社会契約説など政治思想でも有名。著書に『人間知性論』『統治二論』などがある。

ジョン・ロールズ（1921〜2002）
アメリカの政治哲学者。現代リベラリズムの代表的理論家。功利主義を批判し、民主主義社会の基本原理としての倫理学を構想。著書に『正義論』『万民の法』などがある。

○格差時代を反映し進化し続ける思想

「**リベラリズム**」というのは、政治哲学の基本用語で、一応「**自由主義**」と訳すことができる。個人の自由を尊重する思想だ。ただ、自由を尊重する思想にもさまざまな種類がある。極端な個人主義を主張する**リバタリアニズム**（86ページ）から、福祉国家を掲げる福祉自由主義まで。そこで、それらと区別するために、最近日本ではリベラリズムというカタカナをそのまま使う傾向にある。

もともと自由主義は、生命・自由・財産という人が生まれながらにして有している**自然権**を、権力の恣意的な行使から守るべきだという思想に端を発している。**古典的自由主義**といって、もともとは17世紀イギリスの哲学者**ロック**などによって主張された思想である。

その後、19世紀イギリスの哲学者**ミル**の『**自由論**』に受け継がれる。ミルは古典的自由主義の内容を、他人に危害を加えない限り自由は保障されるという形で表現した。ここからもわかるように、自由主義は価値の中立性を意味している。

この点を批判するのが共同体における**共通善**を志向する**コミュニタリアニズム**（92ページ）という思想である。両者の対立は、1980年代に展開された**リベラル・コミュニタリアン論争**として知られている。個人の自由か、共同体における共通善のいずれを重視するかという対立である。

もっとも、実際には現代社会では、リベラリズムは単なる価値中立性を表すものではなく、より積極的に人々の自由を促進する思想として主張されている。その背景には、資本主義の進展がある。貧富の差からいかに人々を救うかが、思想の面でも課題になってきたからだ。

現代リベラリズムの旗手、アメリカの政治哲学者**ロールズ**の『**正義論**』はその典型である。福祉国家型自由主義、あるいは平等主義的な自由主義といっていいだろう。リベラリズムは自由をめぐる時代の変化に応じる形で、21世紀の今もなお進化し続けている。

哲学を武器にするためのヒント

政府による最低限の所得保障であるベーシック・インカムは、基本的にリベラリズムの再分配の発想に基づくといっていいだろう。そんなリベラリズムは、近代以降多くの支持を集めてきたが、ここにきてロシアのプーチン大統領がリベラリズムは時代遅れだと発言するなど、新たな局面を迎えているといえる。

039

veil of ignorance（英）

無知のヴェール

超訳

合理的に正しさを判断するための前提

ジョン・ロールズ（1921〜2002）
アメリカの政治哲学者。現代リベラリズムの代表的理論家。功利主義を批判し、民主主義社会の基本原理としての倫理学を構想。著書に『正義論』『万民の法』などがある。

○無知のヴェールをまとうことで正しさを判断できる

「**無知のヴェール**」とは、それをかぶると自分自身の情報が遮断されてしまうという**思考実験**のことである。20世紀アメリカの政治哲学者**ロールズ**が『**正義論**』の中で提案したもの。これによって、人はみな同じ前提のもとに合理的に正しさを判断できる状態がつくり出せるという。その状態を「**原初状態**」と呼ぶ。無知のヴェールをまとうことで原初状態に置かれた人は、ようやく他人のことについても自分と同じようにとらえることができるようになり、真の正義とは何かを判断する前提が整うわけである。

では、具体的にはどのようにして真の正義を判断していけばいいのか。ロールズは、「**正義の二原理**」という基準を出してくる。第一原理は「平等な自由の原理」である。第二原理は「機会の公正な均等原理」と「格差原理」である。

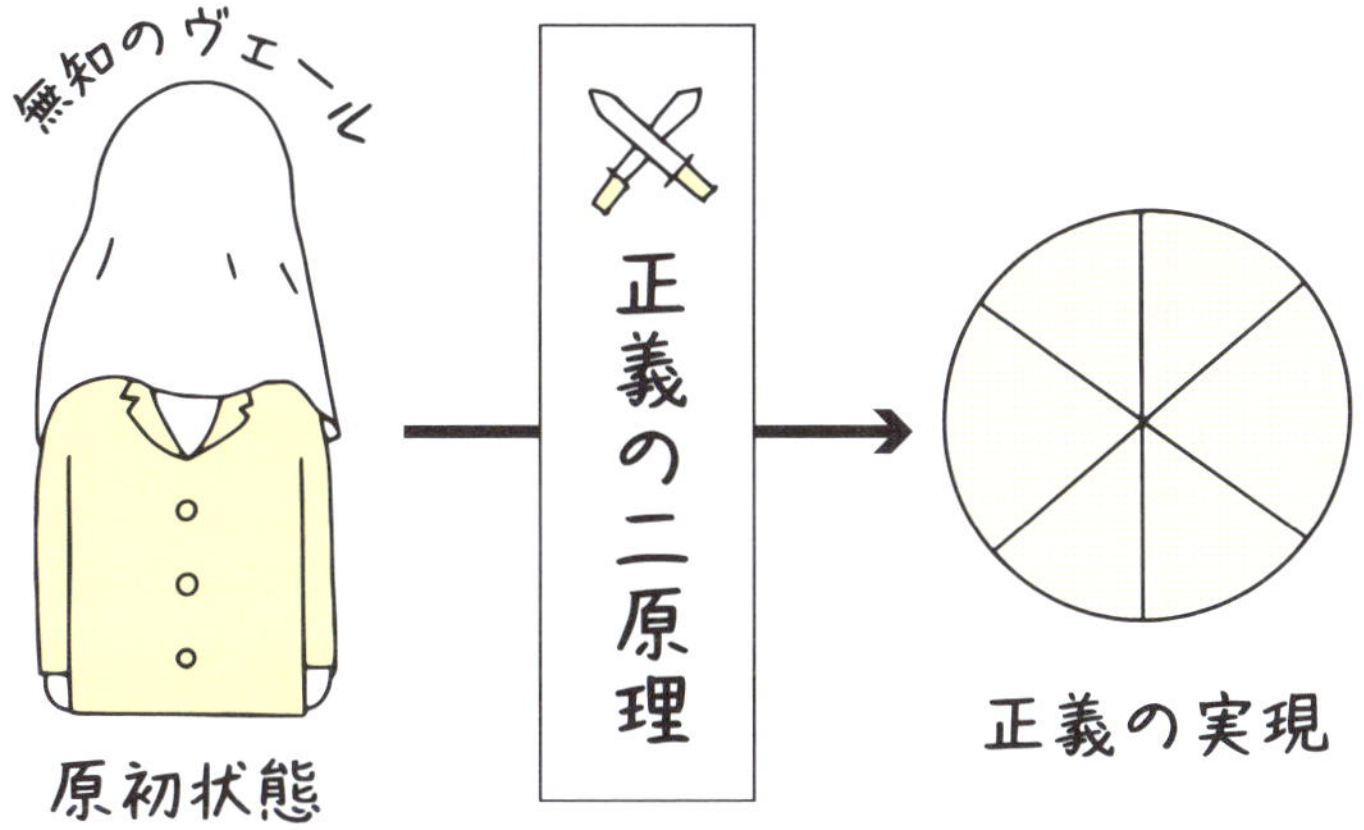

まず第一原理によって、各人に平等に自由を分配すべきだとされる。ただし、ここでいう自由は言論の自由や思想の自由、身体の自由といった基本的な自由に限られる。次に、第二原理の「機会の公正な均等原理」によって、社会的・経済的不平等については、ある地位や職業に就くための機会の均等が保障されている場合にのみ認められるとする。それでも残る不平等が、第二原理の「格差原理」によって調整される。

ロールズは、不平等が許されるのは、もっとも恵まれない人が最大の便益を得るような形でなされる場合に限られるという。

哲学を武器にするためのヒント

無知のヴェールは有名な思考実験である。公正な分配について考えるにしても、人間はどうしても自分の置かれた状況を真っ先に思い浮かべてしまう。自分も困っているとか、家族がいるというように。しかし、社会全体の再分配を考える際には、そうした事情はいったん脇に置く必要がある。無知のヴェールはあくまでそのための仮定なのだ。

040

コミュニタリアニズム

communitarianism（英）

超訳
共同体の美徳を重視する立場

アラスデア・マッキンタイア（1929～）
スコットランド出身の哲学者。コミュニタリアニズムの代表的理論家の1人。徳倫理学の唱道者。著書に『美徳なき時代』『依存的な理性的動物』などがある。

マイケル・サンデル（1953～）
アメリカの政治哲学者。ハーバード大学教授。道徳的議論の必要性を説く。著書に『リベラリズムと正義の限界』『民主政の不満』などがある。

○マイケル・サンデルの位置づけられた自己とは？

「**コミュニタリアニズム**」は、**共同体主義**とも訳される政治哲学の用語。コミュニタリアニズムを主張する人たちのことを**コミュニタリアン**という。1980年代アメリカで、彼らはそれまで隆盛だった**リベラリズム**（88ページ）を批判して、「**リベラル・コミュニタリアン論争**」を巻き起こした。具体的には、コミュニタリアンによる**リベラル**への批判は、次の2点に集約することができる。

1つは、リベラリズムが想定する「自己」の概念が、歴史や伝統、そして共同体といった文脈から切り離されたバラバラの存在であるという点。もう1つは、**ロールズ**の**無知のヴェール**（90ページ）に見られるように、正義を導き出すためのプロセスの正しさばかりを優先して、肝心の正義の中身、つまり道徳や善に関する議論を放棄している点である。

逆にいうと、コミュニタリアニズムというのは、共同体における自己という位置づけを重視し、道徳や善に関する議論を行う思想だといえる。もっとも、その中身は論者によって相当異なってくる。

たとえば、アメリカの哲学者**マッキンタイア**によると、人間は自分にとっての善を問うことではじめて**アイデンティティ**を得ることができる存在だという。アイデンティティを得るためには、自分の属する共同体や伝統といったものを参照せざるをえないと主張する。いわば人間は、自己に関する統一的な物語を形成する主体になることではじめて、道徳的判断力を構築していくことができるようになるというわけである。

あるいは、アメリカの哲学者**サンデル**によると、私たちは、決して特定の環境から完全に独立して存在しているわけではない。むしろ、自分の属する共同体と深く関係をもつ存在であるとさえいえるという。サンデルはこうした主体を「**位置づけられた自己**」と呼ぶ。

位置づけられた自己は、自らの属する共同体に深く関係しているだけに、共同体に対して愛着をもっている。そして、そこで育まれた美徳を重視するのだ。ときにそれは**共通善**と呼ばれたりもする。その意味で、コミュニタリアニズムというのは、共同体の成員に共有された美徳や善に価値を置く立場であるということができる。

哲学を武器にするためのヒント

自由を愛する国アメリカでは、コミュニタリアニズムはどうしても社会主義思想のように思われてしまい、人気がない。そのイメージを覆した立役者が、ハーバード大学教授のマイケル・サンデルだ。彼の講義はテレビでも放映され、コミュニタリアニズムの立場から、次々とリベラリズムやリバタリアニズムに反論を展開していった。

ナショナリズム

nationalism（英）

超訳

国民国家を重視する立場

○国民国家を形成しようとする思想や運動

「**ナショナリズム**」とは、国民国家を形成しようとする思想や運動のことをいう。いわば国民国家を重視する立場である。国民国家のことをネーションステートというが、このネーションという概念には大きく分けて2つの意味がある。1つ目は、何らかの属性を共有する同質的な人間の集団を指す。2つ目は、国家が管轄する人々の範囲を指す。

つまり、国家が管轄する人々が同質性を有するような場合、そこに国民国家が成立する。こうした国民国家を形成しようとする思想や運動こそがナショナリズムである。しかしこうしたナショナリズムの性質は、別の国家との関係でいうと排他的な関係となって表れ、両者の対立を生みだすことになる。ナショナリズムという語に否定的なニュアンスが付きまとうのは、こうした理由からである。

アーネスト・ゲルナー（1925~1995）
イギリスやチェコで活躍した歴史学者、哲学者。ナショナリズムの研究で有名。著書に『民族とナショナリズム』などがある。

ベネディクト・アンダーソン（1936~2015）
アメリカの政治学者。専門は比較政治。著書に『想像の共同体』などがある。

A・D・スミス（1939~2016）
イギリスの社会学者。ゲルナーのナショナリズム研究を批判的に継承。著書に『ネイションとエスニシティ』などがある。

ナショナリズムの起源については、代表的な3つの考え方がある。1つ目はイギリスの歴史学者**ゲルナー**によるものだ。ゲルナーは、近代の産業社会化がナショナリズムを生みだしたという。つまり、産業社会では言語を介したコミュニケーションが重要になってくるため、人々は同じ言語を話し、同じ歴史観を植え付けられることになったというのだ。2つ目は、比較政治学者の**アンダーソン**によるものだ。彼は出版資本主義の進展と世俗語の普及によって、人々が同じ内容のものを読み、理解するようになったという。3つ目はイギリスの社会学者**スミス**による「**エスノ・シンボリックアプローチ**」という考え方である。スミスによると、ナショナリズムは近代以降に発明されたものではなく、むしろそれは民族的な起源をもつ性質のものだと主張する。

またナショナリズムには、起源にかかわらず2つの類型があるとされる。1つ目は、**シヴィック・ナショナリズム**。国家の構成員が、共通の政治原理への所属を求める点を重視する。もう1つは、**エスニック・ナショナリズム**。こちらは言語や文化などの民族的な一体性に基づく人々のつながりを重視する。もっとも、人間には、みんなと同じ政治グループに所属したい気持ちと、民族的な一体性を感じたい気持ちの両方をもっているので、どのようなナショナリズムにも両方の類型の特徴がみられるといえる。

哲学を武器にするためのヒント

ナショナリズムは時折世界を席巻する。第二次世界大戦のころもそうだったし、21世紀の今また世界でナショナリズムの気運が高まっているといっていい。同じ民族で国家を運営したいという気持ちは、ある程度普遍的なものなのだろう。問題は、それが偏狭的な愛国主義に陥りがちな点である。また民族紛争や戦争の拡大を招く恐れもある。

042

liberal nationalism（英）

リベラル・ナショナリズム

超訳

リベラルな価値は国家の文化的背景に影響を受けているという立場

デイヴィッド・ミラー（1946～）
イギリスの政治学者。専門は政治哲学、政治理論。著書に『ナショナリティについて』『国際正義とは何か』などがある。

ジョン・グレイ（1948～）
イギリスの政治哲学者。専門は自由主義思想。著書に『自由主義』『自由主義の二つの顔』などがある。

○リベラリズムとナショナリズムの融合？

「**リベラル・ナショナリズム**」とは、自由や平等、民主主義などといった**リベラル**の価値が、実際にはそれを下支えする国家の文化的背景に強い影響を受けていると主張する政治思想をいう。イギリスの政治学者**ミラー**をはじめ、同じくイギリスの政治哲学者**グレイ**などがこうした概念を主張している。

ここには人々が長い間蓄積してきた慣習や伝統を共有することではじめて、同じ国家に所属する人々を仲間だと認識し、支えあうことが可能になるという発想がある。このようにリベラル・ナショナリズムは文化の多元性を前提としているため、多文化共生の理論としても有効であるとされる。

その意味で、リベラル・ナショナリズムはその名の通り、**リベラリズム**の利点と**ナショナリズム**の利点を組み合わせ、これまで両者が軽視してきた価値を共に考慮に入れ、新たな社会統合を可能にする潜在性を秘めているといえる。

つまり、リベラリズムには、どうしても社会的結束を軽視する側面があったが、ナショナリズムの側面がその部分を補うのである。そしてナショナリズムには、文化的多様性を軽視する側面があったが、リベラルな価値がその部分を補うわけである。

反面、リベラル・ナショナリズムの論者たちは、グローバル社会には否定的な態度をとる。なぜなら、グローバル社会には国家のようなデモクラシーの制度が欠けており、そこに普遍的な正義を求めることはできないからである。

また、グローバル化が単なる世界の均質化を推し進め、それによって人々は本来もっていた**ナショナル・アイデンティティ**を喪失してしまった点を問題視する。そこでリベラル・ナショナリズムは、グローバル社会を共通の土俵としつつも、そこにナショナル・アイデンティティをもった諸個人が集い統合していく世界像を描くのである。

哲学を武器にするためのヒント

リベラル・ナショナリズムが登場した背景には、なんといってもヨーロッパを中心とする移民の流入、そしてそれがもたらす文化的摩擦が挙げられる。移民は労働力として社会を活性化すると同時に、社会の結束という意味では不安定化をもたらすのである。その意味で、リベラル・ナショナリズムは移民問題を解決する鍵を握っているといえる。

プラグマティズム

pragmatism（英）

超訳

役に立つのが正しいとする考え

ジョン・デューイ（1859~1952）
アメリカの哲学者。プラグマティズムの立場から道具主義を唱える。教育論でも有名。著書に『学校と社会』『哲学の改造』などがある。

リチャード・ローティ（1931~2007）
アメリカの哲学者。ネオプラグマティズムの代表的理論家。著書に『連帯と自由の哲学』『偶然性・アイロニー・連帯』などがある。

○古典的プラグマティズムとネオ・プラグマティズム

「**プラグマティズム**」とは、ギリシア語で行為や実践を意味するプラグマに由来する用語で、アメリカで発展した思想である。**実用主義**などと訳されることもある。初期のころの古典的なプラグマティズムの論者は3人いて、その内容も段階を経て変化してきている。

最初にプラグマティズムを唱えたのは、19世紀アメリカの哲学者**パース**で、彼は概念を明確にするための方法としてこの言葉を用いた。そして、科学的実験の方法を概念の分析に適用した。つまり、概念の意味というものは、じつはその概念を使うことで生じる効果によって確定されると主張したのである。このパースの創設したプラグマティズムを発展させたのが、同じく19世紀アメリカの哲学者**ジェームズ**である。ジェームズは、パースのいうプラグマティズムの方法を、人生や宗教、世界観といった真理の問題に適用した。彼によると、真理というのは、私たちの生活にとって有用な働きをするかどうかといった視点、つまり有用性を基準として考えられなければならないという。こうしてより実践的な思想として発展したプラグマティズムは、20世紀アメリカの哲学者**デューイ**によって完成を見る。デューイは、私たちの日常を豊かにすることを哲学の目的に据えた。そうすると、思想や知識などというものは、それ自体に目的や価値があるのではなく、人間が環境に対応していくための手段となる。知識は人間の行動に役立つ道具としてとらえられるのだ。この思想は**道具主義**と呼ばれる。

これらに対して、現代のプラグマティズムは、古典的なそれと区別する意味で、**ネオ・プラグマティズム**と称される。たとえば、現代アメリカの哲学者**ローティ**は、「**新ファジー主義**」を唱えた。なぜなら、それまでの主流の哲学が前提としていた二項対立的なものの考え方を否定してしまったからである。

哲学を武器にするためのヒント

何もないところから国家を発展させてきたアメリカでは、常にプラグマティストが尊敬の対象になってきた。ベンジャミン・フランクリンやスティーブ・ジョブズのように。1つのアイデアに縛られることなく、まずは試作品をつくって改良を重ねていくというデザイン思考は、まさにプラグマティズム的なアメリカ発のビジネス思考だといってよい。

044

postmodern（英）

ポストモダン

超訳

近代を批判的にとらえる現代思想

ジャン＝フランソワ・リオタール（1924〜1998）

フランスの哲学者。急進的なマルクス主義者としてアルジェリアで活動したり、五月革命に参加したりしている。ポストモダンという用語を広めた。著書に『ポストモダンの条件』『知識人の終焉』などがある。

近代主義から脱却しようとする思想運動

「**ポストモダン**」とは、文字通り解釈するならモダンの後という意味。つまり、近代より後の思想を総称する概念である。ただし、そこには近代以前の思想に対して批判的な態度をとるニュアンスが含まれている。

そもそも近代思想は、**ルソー**や**ロック**の**社会契約説**のように、市民の手による国家の形成を可能にしたり、**ヘーゲル**の**絶対精神**（38ページ）のように、人間の知の無限の可能性を明らかにするものであった。このように近代の思想は、人間の理性を最高潮に開花させたはずだったのだが、ふたを開けてみると、貧困や戦争、大量虐殺など多くの矛盾を生み出してしまった。

そこで、近代の思想のあり方を批判的に反省するために登場したのがポストモダンだったのだ。たとえば、20世紀フランスの哲学者**リオタール**が主張した「**大きな物語**」の終焉がその典型である。大きな物語とは、私たちが共通に抱く啓蒙のための思想のことだ。人間は1つの同じ大きな目的に向かって前進しているというわけである。

考えてみると、私たちは常に社会の発展を目的にして生きてきた。とりわけ経済的に発展すれば、あたかもあらゆる問題が解決するかのように信じ込んできたのである。これはまさに大きな物語にほかならない。

ところが、その物語は、結局、抑圧と思考停止をもたらす結果に終わってしまった。その意味で、ポストモダンは、近代の行き詰まりを解消しようとする営みだといえる。

だからといって、大きな物語の反対の概念である「**小さな物語**」、つまり個々人がバラバラの目的をもって突き進んでいく社会がいいのかどうかは別問題である。なぜなら、大きな物語が解体された後、無数に生じた小さな物語が、いったい何を生み出すのかは誰にもわからないからである。現代社会が目的地を見失い、あたかも漂流しているかのように思えてしまうのは、そうした理由からである。

哲学を武器にするためのヒント

ポストモダンとポスト構造主義は同じ意味のように扱われることがあるが、厳密には異なる。ポストモダンは近代より後の状況なので、現代も続いていることになるが、ポスト構造主義は構造主義の後の思想の潮流なので、新しい思想の潮流が出てきつつある今、それはもう終わっているともいえるのだ。

045

public philosophy（英）

公共哲学

超訳

社会へのかかわり方を考える営み

私たちはどのように社会とかかわるべきか？

「**公共哲学**」とは、**公共性**に関する哲学である。ここでいう公共性とは、完全に私的な領域でもなく、また完全に公的な領域でもない中間の領域のことをいう。つまり、誰もがかかわりうる可能性のある事柄や場所のことである。それが空間をイメージしている場合は、**公共圏**と表現されることもある。完全に公的な領域が国家だとすれば、公共性は、主体的な個人によって担われた市民社会を指している。

ドイツ語では、Öffentlichkeit が公共性や公共圏を意味するのに対して、英語では一般に publicness が用いられると同時に、公共圏つまり空間的なものを指す場合には public sphere が用いられることもある。基本的には公共や公共性が publicness に、そして公共圏が public sphere に対応しているが、必ずしも厳密に区別されているわけではない。

ハンナ・アーレント（1906~1975）
ドイツ出身の女性現代思想家。全体主義の分析を試みた。現代公共哲学の先駆者でもある。著書に『全体主義の起原』『人間の条件』などがある。

ユルゲン・ハーバーマス（1929~）
ドイツの哲学者。討議の重要性を訴え、現代公共哲学の礎を築いた。著書に『コミュニケイション的行為の理論』『公共性の構造転換』などがある。

このような意味での公共性について考えるのが、公共哲学という学問分野である。つまり、「私」がいかにして社会にかかわるべきかを本質にさかのぼって考える学問である。ドイツ出身の女性現代思想家**アーレント**や、ドイツの哲学者**ハーバーマス**をその先駆者として挙げることが多いが、今日本でも盛んに議論されている。

日本においてかつては社会へのかかわり方は、**滅私奉公**というスローガンで表現された。個人である「私」を犠牲にして社会を栄えさせることを意味する言葉だ。江戸時代の封建社会や戦前の日本はまさにそうだったわけだが、戦後の高度経済成長期にもそういう風潮があった。過労死などという異常事態が常態化していたのは、その証左であろう。

しかし現代では、新たなスローガンが掲げられている。それが2000年代初頭の公共哲学のスローガン「**活私開公**」である。これは「私」を活かして公つまり社会を開くという意味になる。現代社会においては、自分を活かしながら、より良い社会をつくっていくという態度が求められるのである。こうした理念を実のあるものにするために、社会における哲学対話の実践を意味する「**哲学プラクティス**（190ページ）」や、主権者教育としての新科目「**公共**」に期待がかかっている。

哲学を武器にするためのヒント

アーレントが公共哲学の祖といわれるのは、人間の営みとしての活動（アクション）を重視し、社会にかかわることの意義を説いたからだ。ハーバーマスの場合は、公共性の構造転換という表現のもとに、市民がボトムアップで市民社会をつくり上げることの意義を説いた。現代の公共哲学は彼らの思想の実践であるともいえる。

046

Volonté générale（仏） General will（英）

一般意志

超訳

みんなの意志

ジャン＝ジャック・ルソー（1712〜1778）

フランスの哲学者。一般意志に基づく社会契約説を説いた。教育論でも有名。著書に『社会契約論』『エミール』などがある。

○社会の基礎をつくる共通の利益

「**一般意志**」とは、社会をつくるためのみんなの意志のことを指す。フランスの哲学者**ルソー**によって唱えられたものである。ルソーは**社会契約説**の立場から、契約によって全員の意志を確認し、その意志に服従することで社会がつくられると考えた。そうすれば、各人がすべての人に結ばれながら、自分自身にしか従わず、以前と同じように自由であることが可能になるという。全員が全員にということは、つまり自分は自分自身にしか服従しないのだから、個人の自由を守ることができるというわけである。

その際の全員の意志こそが「一般意志」と呼ばれるものだ。注意が必要なのは、一般意志は「**全体意志**」とは異なる点である。全体意志は、個人の特殊意志を足し合わせたものであって、いくら足しても一般意志にはなりえない。

これに対して、一般意志というのは共通の利益であって、普遍的な性質を帯びるという。一般意志とは、互いに対立して否定し合うもっとも多いものと、もっとも少ないものを特殊意志の中から差し引いた後、その差し引きの総和として残るものだとされる。このルソーの表現は少しわかりにくいが、つまり最大公約数を導き出すようなイメージだと思ってもらえばいいだろう。

このような意志を見出すには、十分な議論が必要である。そこからルソーは、全員が議論して全員で国家を統治する**直接民主制**を理想とした。したがって、国家の規模は必然的に小さなものに限られてくる。

また、ルソーの一般意志の概念は、**全体主義**を招きかねないと批判されることがある。全員同じであることを要求すると、そこにはもはや自由はなくなってしまうのではないかとの懸念が残るからである。

こうしたいくつかの問題を抱えながらも、ルソーの一般意志は今なお参照され続けている。たとえば、ツイッターなどに表出される人々の意志を一般意志に見たてて、議会での議論に反映させてはどうかというような提案である。

哲学を武器にするためのヒント

一般意志はルソーによって生み出され、それがフランス革命の遠因になったといってもいい。しかし、実際のフランス革命ではロベスピエールがその後独裁政治を行ったように、一般意志自体に全体主義を招きかねない危うさが潜んでいる。無関心層の多い現代日本の政治では、そうした点に十分注意する必要がある。

047

パノプティコン

panopticon（英）

超訳

権力による一方的な監視の仕組み

ミシェル・フーコー（1926～1984）
フランスの哲学者。一貫して権力批判の立場から自説を展開した。著書に『狂気の歴史』『監獄の誕生』などがある。

私たちはみな囚人のように監視されている？

「**パノプティコン**」とは、効率よく囚人を監視するための仕組みのことである。**一望監視装置**などと訳されることもある。もともとは、**功利主義**（80ページ）の思想家**ベンサム**が考案した刑務所のアイデアである。それを20世紀フランスの哲学者**フーコー**が、権力による一方的な監視の仕組み全般を解明する概念として論じて有名になった。パノプティコンでは、中央に監視塔があって、周囲に円環状に独房が配置されている。ここには工夫がされていて、監視塔から独房は見えるけれども、独房の側からは何も見えないようになっている。つまり、監視塔にいる看守はすべての囚人の動きを見られるのに対し、独房にいる囚人は看守が何をしているかわからないのだ。だから囚人たちは自然に自分を律するようになる。

ここには、監視する者とされる者の間の眼差しの不均衡が存在する。この不均衡こそが権力の象徴である。

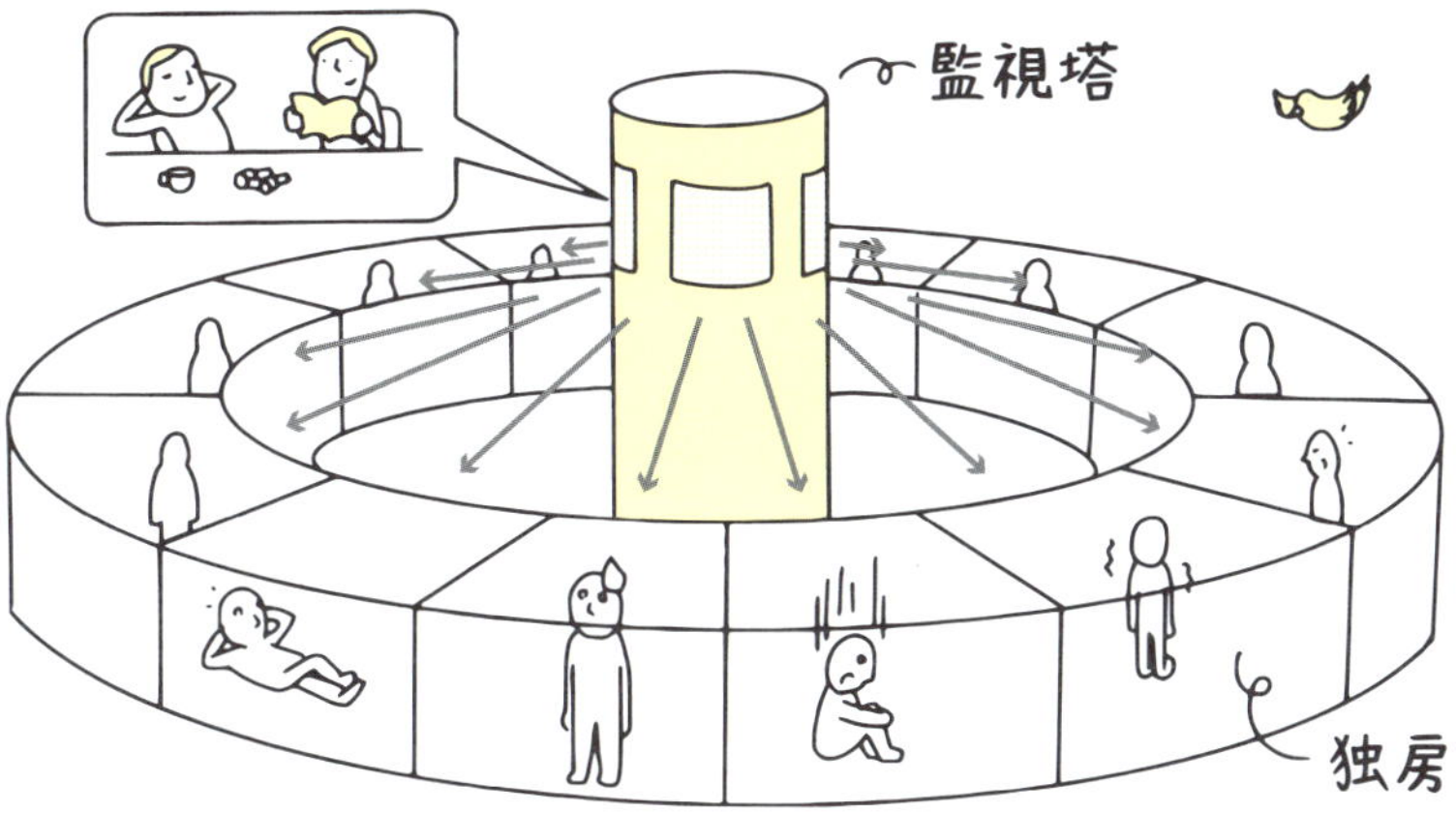

一方が他方に完全に従うという構図だ。パノプティコンの場合は、監視されているという可能性を囚人が常に意識し、自動的に従順な「**従属する主体**」となることを意味している。

こうして権力は、囚人自身の手によって深く内面化されていく。フーコーは、パノプティコンの原理に見られる規律・訓練権力の作用が、近代社会の隅々まで及んでいると主張した。

その原理は、学校、工場、仕事場、病院、軍隊など、われわれの社会のさまざまな制度に拡散し、監獄と同様の効果を発揮しているのだ。

哲学を武器にするためのヒント

企業がインターネットを介して大量にデータを入手している現代では、企業自体がパノプティコンの看守の立場にあることを自覚する必要がある。ただし現代社会においては、SNSに象徴されるように、むしろ多くの人が1人の人間を監視するシノプティコン（多数による少数の監視）ともいうべき状況が生じているという議論もある。

048

マルチチュード

multitude（英）

超訳

世界を支配する権力に抵抗しようとする民衆の力

アントニオ・ネグリ（1933～）
イタリアの哲学者、政治活動家。過激な政治運動への影響力の責任を問われ投獄された経験もある。グローバル社会における新しい共産主義を論じている。著書に『〈帝国〉』『マルチチュード』『コモンウェルス』などがある。

マイケル・ハート（1960～）
アメリカの哲学者、比較文学者。ネグリの共著者として知られる。

○ネットワーク状の権力を支える人の群れ

「**マルチチュード**」とは、世界を支配する権力に抵抗しようとする民衆の力を指す。イタリアの哲学者**ネグリ**とアメリカの哲学者**ハート**の共著『**〈帝国〉**』で紹介された概念である。もともとマルチチュードという言葉自体は、17世紀オランダの哲学者**スピノザ**が用いたもので、人間が集団として共通に感じる認識のことを意味していた。この認識によって人間は相互に結び付けられるわけである。ネグリとハートはスノピザのこの概念を応用したのである。〈帝国〉というのは、グローバル経済を操る政治的主体のことで、主要な国民国家に加えて、超国家的制度や大企業など、この世界を統治している主権的権力全体を意味している。

〈帝国〉は脱中心的で脱領土的な支配装置であって、「**ネットワーク状の権力**」などとも表現される。つまり、かつての帝国主義の国家のように中央政府があったり、明確な領土がある権力とはまったく異なる新しい概念なのだ。その〈帝国〉を支えている力として、組織化されていない人の群れを意味するのが**マルチチュード**である。ただ、これは〈帝国〉の力の源泉であると同時に、他方で〈帝国〉に対抗し、グローバルな流れに抗するもう1つの力でもある。

だからこそネグリらは、マルチチュードのことを、あらゆる差異を自由かつ対等に表現することのできる発展的で開かれたネットワークだともいっている。つまり、あらゆる差異を認め、その各々を自由で対等なものとしてみなしうる存在だということだ。しかも、かつてのブルジョアのような一様な存在ではなくて、**多数多様性**を特徴としている。

したがって、マルチチュードを構成する人々は、産業労働者だけではなく、学生や失業者、女性、移民、外国人労働者など、あらゆる階層に属するのだ。インターネットでつながった反政府を掲げる民衆を想起してもらえばいいだろう。同じ認識でつながっているからこそ、マルチチュードは多数多様性がありながらも、共同で活動することができるのである。それは自律性と協働性に基づいた連結である。

グローバリズムに対抗するためには、いかにマルチチュード力を動員できるかにかかっている。ただ、マルチチュードが中心を持たないだけに、彼らを動員するのは簡単ではないというジレンマがある。

哲学を武器にするためのヒント

インターネットを介して結集する群衆は、まさにマルチチュードだと見ることができる。2011年アメリカで起こったウォール街のデモ「オキュパイ・ウォールストリート」、SNSによって運動が広がった「アラブの春」の一連の革命。これらはみなマルチチュードの実例といってもいいだろう。

049

インフォメーションコクーン

information cocoon（英）

超訳

反対意見のないネット上の心地よい空間

キャス・サンスティーン（1954～）

アメリカの法学者。憲法学、行政法、環境法が専門。裁判所や行政機関での実務経験もある。著書に『インターネットは民主主義の敵か』『#リパブリック』などがある。

○みな自分自身のインフォメーションコクーンに包まれている

「**インフォメーションコクーン**」とは、**情報の繭**という意味で、アメリカの憲法学者**サンスティーン**が『#リパブリック』の中で論じているもの。彼は、SNSをはじめとしたインターネット技術のせいで、人々が自分自身のインフォメーションコクーンの中に包み込まれていると指摘する。あたかも外部と遮断された心地よい空間を想起させる表現である。たしかに、自分の好きな情報だけに包まれていれば、心地よく過ごせるだろう。しかし、それこそが民主主義の危機なのである。

というのも、民主主義を維持するには、自分とは異なる他者の見解にさらされ、集合的な共有経験をもたなければならないからである。インフォメーションコクーンはそうした環境を不可能にしてしまう。ただ注意しなければならないのは、サンスティーンもSNSそのものがいけないといっているわけではない点である。むしろ孤立した集団が、自分たちの抱える困難について**熟議**(192ページ)を行うことで、彼らの絶望感を払拭することが可能になるからだ。

たとえば、次のような例を挙げている。独裁国家の政治的反対者、がん患者、感染症を心配する人々、身体的もしくは精神的障害をもつ子の親、貧しい借家人、宗教的少数派のメンバー同士の私的な会話。しかし、そうした恩恵があるのは十分承知したうえで、それでも彼はインフォメーションコクーンのもたらす負の側面に注意を払うべきだと主張する。なぜなら、いかなるシステムであろうと、政府の積極的な介入を要するはずだからだ。たとえサイトの所有者であっても、サイバーテロから守られたいなら政府に規制してもらうしかないというふうに。したがって問題は、規制を設けるかどうかではなく、どういう規制を設けるかなのである。

そこでサンスティーンは、政治的見解を掲載する際に反対意見へのリンクを張ることや、自分の過去の思想傾向からは選択しないであろう記事と偶然出会うための「セレンディピティボタン」を画面に配置することを提案する。そしてさらには、**パブリックフォーラム論**をインターネット空間にも適用することを提案する。これは、公共的な場において、表現活動のために発話する権利を保障すると同時に、表現者以外に対してはその発話を聴くことを受け入れさせるものである。

哲学を武器にするためのヒント

SNSはインフォメーションコクーンをつくるのに大きく貢献している。決まった仲間とだけのコミュニケーション、考えが合う者同士のイイネの交換。ネット上でヘイトスピーチが横行するのは、そうした事情からだ。SNSばかりで議論していると、思考が偏ったものになる危険性があるということだ。

050

Anthropocene（英）

人新世

超訳

これまでとは違う病んだ地球という大前提

パウル・ヨーゼフ・クルッツェン（1933〜）
オランダの大気化学者。ノーベル化学賞受賞。専門はオゾンホールの研究。Anthropocene（人新世）という造語を提案。

○人間が地球に及ぼす影響が、地球の運命を握る

「**人新世**《じんしんせい》」とは、これまで1万年以上続いてきた**完新世**が終わり、新たに到来したとされる地質年代のことをいう地質学の用語。**アントロポセン**の訳で、直訳すると人類の時代を意味している。もともとは2000年に、ノーベル賞化学者の**クルッツェン**が提案したとされる。

クルッツェンによると、地球システムの作動に及ぼす人間の影響があまりにも巨大になりすぎて、自然の巨大な力に匹敵するほどのものになっているという。つまり、二酸化炭素の排出などによって、今や人類が地球のあり方に大きな影響を及ぼす時代に突入しているということである。こうした考えは、地質学や環境の分野だけでなく、思想・哲学をはじめさまざまな領域で、新たな時代を語るための前提となっている。

人新世の時代がこれまでと圧倒的に異なるのは、人間が引き起こした地球の変化に対する問題を、もはや

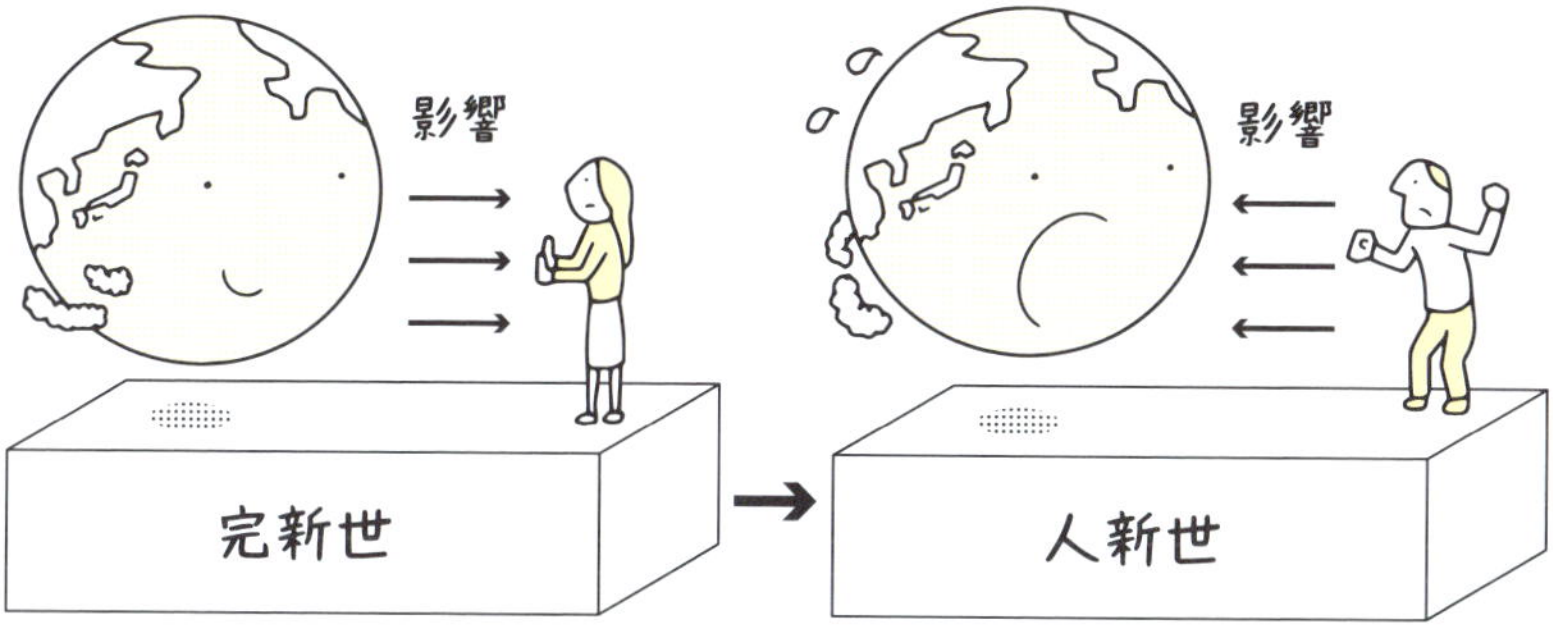

従来の発想で解決することができなくなっているという点である。なぜなら、地球はあまりにも姿を変えられてしまったがゆえに、元に戻す努力が不可能なところにまできてしまっているからである。もはや私たちにできるのは、人間が変えてしまった病んだ地球を前提に、その中でいかに人間がそれでも生きていけるかを考えることだけである。だからこれまでとはまったく異なる発想が求められるのだ。人新世とそこにおける生き方については、2019年公開の映画『天気の子』でもテーマになっている。

哲学を武器にするためのヒント

人新世という概念自体は、まだまだ一般社会には広がっていない。しかし、地球環境の限界を数値で表し、それを超えないようにする提案もなされている。プラネタリー・バウンダリーと呼ばれるものだ。あるいは、海洋汚染を抑制するためにプラスチック製のストロー使用をやめる動きもその1つと見ることができるかもしれない。

教育

これまで日本では、哲学を学べる場といえば大学に限られていた。しかし、それが小学校にまで拡大しつつある。思考力が重視されるようになって、哲学に白羽の矢が立ったのだ。哲学とは考える学問なので、早くからとり入れれば、思考力がつくだろうとの目論見だ。

実際、哲学の国フランスでは、幼稚園から哲学教育を導入する例もある。そんなバカなと思われるかもしれないが、『ちいさな哲学者たち』というドキュメンタリーを観れば、それが決して不可能でないことに納得していただけるだろう。

欧米では自分で考え、自分の意見を表明するということが日常茶飯事である。実は哲学などとおおげさに銘打たなくても、そうした営みはすでに哲学でやっていることとさほど変わらない。

そこで、遅ればせながら日本でも子どもの哲学対話を推進するようになってきている。もともとアメリカでP4C（Philosophy for Children）という名称で行われて来た活動の実践である。奇しくも大学受験が思考力重視に変わるのを受けて、その影響が小学校の教育にまで及んでいるのである。

そして大学でもまた、哲学教育を重視する傾向にあるといえる。ただし、哲学科はどんどん減っているので、むしろ課題解決の基礎として学ぶという具合だ。そもそも哲学とは思考法であって、いかに常識を超えて思考するか、その術を身につけるためのトレーニングだといっても過言ではない。こうして哲学教育は小学校から大学まで、大きな変貌を遂げようとしている。

PART 3

未来を読むためのツール30

近未来社会・テクノロジー

051

épistémè（仏）episteme（英）

エピステーメー

超訳

知の枠組み

ミシェル・フーコー（1926〜1984）

フランスの哲学者。知の考古学ともいうべき手法を見出した。また一貫して権力批判の立場から自説を展開した。著書に『狂気の歴史』『監獄の誕生』などがある。

エピステーメーは時代とともに変化する

「**エピステーメー**」とは、**知の枠組み**のことである。20世紀フランスの哲学者**フーコー**による概念。フーコーは、知というものを新たな視点でとらえ直したことで知られている。私たちが学ぶ学問は、時代とともに変化している。だからその変化とともに、新しい教育をする必要があるのだ。

では、学問はいったいどのように進化していくのか。これがフーコーの唱えたエピステーメーと関係してくる。エピステーメーとは、もともとはギリシア語で、「学的認識」を指す。つまり、知識のことである。たとえば古代ギリシアの哲学者**プラトン**は、理性が導き出す知識のことをエピステーメーとして、単なる主観にすぎない**ドクサ**と対比させた。

これに対してフーコーは、『**言葉と物**』の中で、これを独特の知のあり方を表す語として用いた。それは個々の知識の話ではなく、その時代のあらゆる学問に共通し、あらゆる知の成立条件を規定する土台のようなものである。フーコーは、知の土台を明らかにすることが、学問の基礎を築くことになると考えたのだ。

たしかに、研究者が同じ対象を研究するにしても、時代によって視点が異なってくる。というのも、知は世界の枠組みに影響を受けて形成されるものだからだ。フーコーは、そんな知の枠組みの歴史を探ろうとした。その方法こそ、考古学になぞらえられるものである。その考古学的調査の結果、4つの時代のエピステーメーを区分している。

つまり、16世紀ルネサンスのエピステーメー、17世紀や18世紀の古典主義のエピステーメー、19世紀の近代人間主義のエピステーメー、そして今後現れるであろうエピステーメーの4つである。

私たちは、そうした知識や学問を、まるで普遍的で連続したものであるかのようにとらえがちである。ところが、じつはそれは気づかぬところで時代の制約を受けているのだ。つまり、知の土台としてのエピステーメーが変化すれば、それにつれて新しいエピステーメーに規定された新しい学問が築かれるというわけである。

哲学を武器にするためのヒント

フーコーは知の考古学という発想の中でエピステーメーを見出していった。あたかも知の地層を発掘するかのように。その意味では、エピステーメーは常に育まれ続けているといえる。場合によっては、未来のエピステーメーをつくり出すことも可能だろう。とりわけAIが大きな変化をもたらす今、それが求められているのかもしれない。

052

Einbildungskraft（独） imagination（英）

構想力

超訳

技術によって創造する力

イマヌエル・カント（1724〜1804）
ドイツの哲学者。倫理学では、無条件に正しい行いをすることを要求。著書に『純粋理性批判』『実践理性批判』などがある。

三木清（1897〜1945）
日本の哲学者。実存哲学を独自の視点で発展させた。マルクス主義運動の一翼も担った。著書に『人生論ノート』『歴史哲学』などがある。

○天才は構想力によって新たなものを創作する

「**構想力**」とは、**ロゴス（論理的な言葉）**と**パトス（感情）**の根源にあって、両者を統一し、形をつくる働きをいう。日本の哲学者**三木清**の概念である。

もともと構想力というアイデア自体は、近代ドイツの哲学者**カント**に由来する。カントは『**純粋理性批判**』において、あらゆる概念を認識するのに役立つ図式というものを見出した。その図式が形象を可能にし、その形象から概念が出てくるというわけだ。このような図式を生み出すのが構想力である。

さらにカントは、『**判断力批判**』の中で、天才が構想力によって新たな図式を創造すると論じている。

三木はこの**天才論**に着目した。カントは天才に関する次の4つの特性を挙げる。1つ目は、天才のつくるものは独創性を備えているという点である。2つ目は、天才のつくるものが無意味なものにならないように一般的な普遍性を備えていなければならないという点である。3つ目は、天才の制作は自然に従うものでなければならないという点である。そして4つ目は、天才の制作は芸術分野に限られるという点である。

三木はこのカントの設定した制約を越え、独自の解釈によって天才の構想力を人間誰もが使えるものに広げようとした。なぜなら、人間はみな、なんらかの形で日々創造行為を行っているからである。

こんなふうに構想力によって形をつくる人間という存在は、三木によると人間と動物の違いに起因している。つまり、動物と違って、人間はただ外部の環境に合わせるのではなく、構想力によって環境そのものを変えてしまおうとするからだ。その人間の外部への働きかけこそが技術だという。

構想力が技術であり、そして技術とは形をつくるということだとしたら、じつは自然も技術をもっているのかもしれない。自然が岩や植物など何か形をつくるということはあるのだから。つまり、技術の主体は必ずしも人間でなくてもよいのだ。事実三木は、そんな構想力が自然の中に備わっているともいう。たとえば、動物の進化も環境に適応するための技術として見ることができるように。そう考えると、人間の構想力は、広い意味での自然の構想力の中に組み込まれることになる。

哲学を武器にするためのヒント

ビジネスの現場では、当然アイデアを構想する力が求められる。とりわけ技術と共に語られる概念であるだけに、これからのテクノロジーの時代においては、より重要になってくるだろう。またAIの登場でより人間の創造性が求められる今、構想力は人間らしさを追求するためのツールにもなりうる。

053

falsifiability（英）

反証可能性

超訳

嘘が証明できる可能性

カール・ポパー（1902～1994）
オーストリア出身のイギリスの哲学者。純粋な科学的言説の必要条件としての反証可能性を提唱。また「開かれた社会」において全体主義を積極的に批判したことでも知られる。著書に『科学的発見の論理』『開かれた社会とその敵』などがある。

○嘘であることを証明する方法がない論理は科学ではない

「**反証可能性**」とは、嘘であることが証明される可能性のことをいう。20世紀アメリカの哲学者**ポパー**による概念である。ポパーによると、論理というものは、嘘であることを証明する道があるときにのみ科学的なのだという。

つまり、完全な客観性をもつ科学など存在しないのだから、どうしたら反証できるのかをしっかりと示したものこそが、本当に意味のある科学だというわけだ。それが嘘かどうかもわからないような話は、非科学的なものにすぎない。

もう少し詳しくこの反証の論理構造を見てみよう。ある法則としての事柄（これを**厳密普遍言明**という）について反証するためには、その否定が真であることを主張すればよい。

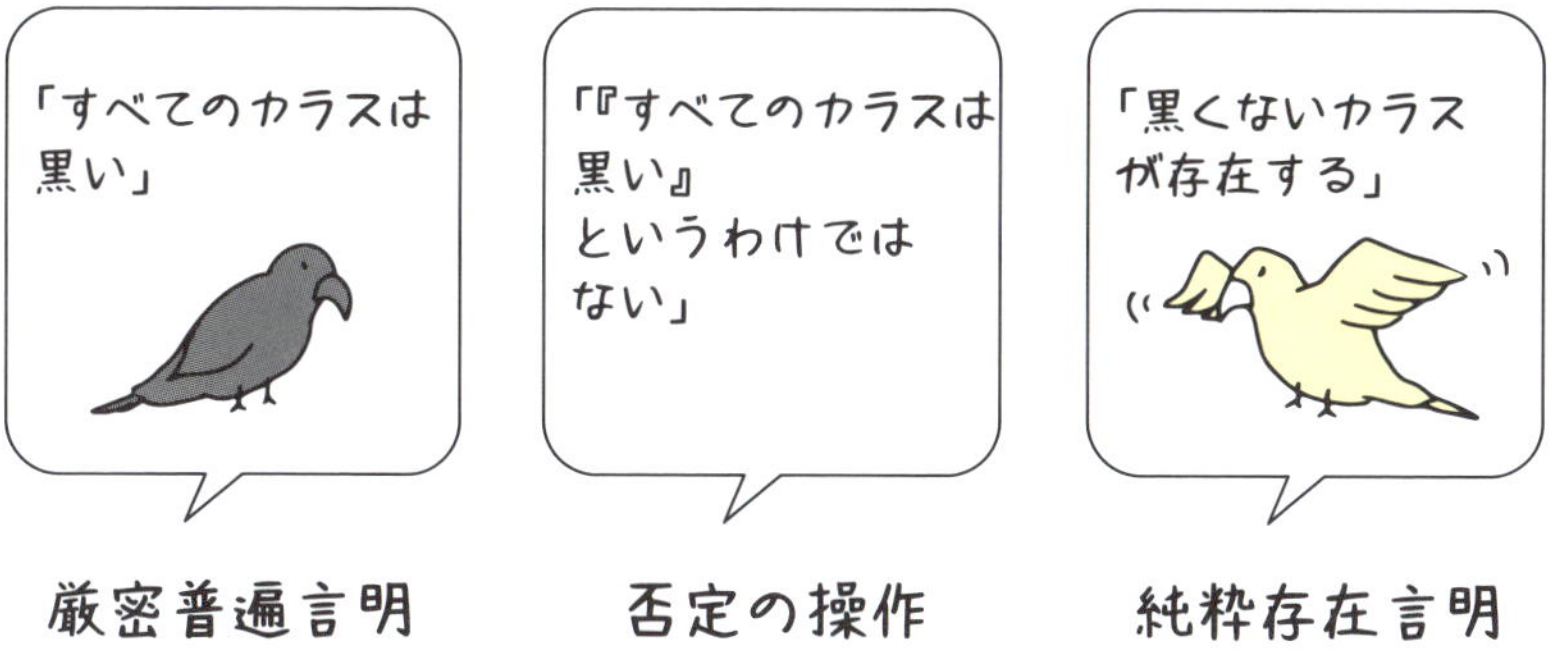

そうして導き出される内容が反証のための証拠になる（これを**純粋存在言明**という）。

たとえばカラスの例でいうと、「すべてのカラスは黒い」（**厳密普遍言明**）を否定すると、「すべてのカラスは黒いわけではない」（**否定の操作**）となる。ここで「〜というわけではない」という否定の操作を介在させることではじめて、「黒くないカラスが存在する」（**純粋存在言明**）という反証が得られるわけである。

実際、黒くないカラス（白いカラス）は存在する。

哲学を武器にするためのヒント

何が科学なのか明確にすることは、私たちの生き方の指針を決めることでもある。とりわけテクノロジーの時代においては、次々と新たな技術が登場する。ただ、それを妄信するだけだと、間違った方向に行ってしまいかねない。だから科学なのか似非科学なのか、常に見極めていく必要がある。かつてのSTAP細胞のような騒動を防ぐためにも。

054

Ge-stell（独）

ゲシュテル

超訳

技術の発展が人間を巻き込んでいくこと

マルティン・ハイデガー（1889〜1976）

ドイツの哲学者。自分は代替不可能な「死への存在」であることを自覚するべきと主張。著書に『存在と時間』『ヒューマニズムについて』などがある。

○産業という巨大な技術の塊が人間を利用している

「**ゲシュテル**」とは人間を巻き込んでいく技術のうねりを指す。20世紀ドイツの哲学者**ハイデガー**による概念。1人ひとりの人間は、それぞれの仕事を自らの生存や利益のために遂行しているつもりでいる。しかし、全体としてみれば、産業という巨大な**技術**の塊が自らを再生産するために、人間を利用しているともとらえることができるのだ。

むしろ技術の本質に近づけば近づくほど、人間が技術を使っているというよりは、技術によって人間が配置されて特定の行動に駆り立てられているということが明らかになってくる。テクノロジーという、人間にとって自らの活動の産物に思えるものが、逆に巨大な産業という名の技術の塊となって人間の存在を拘束し、そのあり方を規定しているのである。ハイデガーは、まさにそうした現代における人間存在の被拘束性を技術という切り口で論じているのだ。

そして彼はそれを「**ゲシュテル**」(Ge-stell)という言葉で表現した。日本語では「**集-立**」あるいは「**総駆り立て体制**」などと訳されている。内部に秘められていたものを引っ張り出し、対象として使うかのように人間を巻き込んでいくうねりといってもいいだろう。要は、いつの間にか私たちはみな、技術の発展に巻き込まれているということである。

もちろんハイデガーは、この事実に対して批判的である。人間は、ひとたびテクノロジーの中に組み込まれたら最後、テクノロジーそのものを総体として否定することはできなくなる。ハイデガーの分析によると、現代の巨大なテクノロジーの運動によって事態が進めば進むほど、人間は単なるテクノロジーのコマとして利用されるだけである。かくして人間性の喪失は避けられないし、もはや絶望的なところまで引き連れられているという。

人間がテクノロジーそのもの、あるいはその総体を拒否することはできないとしても、技術が迫ってくる中で、少しでも問題が起きないよう技術を飼いならす努力をすることは可能だ。したがって、まずやるべきは技術の本質を見極めることだろう。

哲学を武器にするためのヒント

福島第一原発の事故などもあり、ゲシュテルの概念が見直されつつある。ビジネスにおいても、技術をただ闇雲に発展させるのではなく、人間と技術とのかかわりはどうあるべきかといった本質的な見地が求められる。なぜなら、いったん生み出した技術は、たとえそれが人類に危険をもたらすとわかっても二度と消し去ることはできないからだ。

055

Neue Realismus（独） new realism（英）

新実在論

超訳

物事は思った通りに存在していると考える立場

マウリツィオ・フェラーリス（1956〜）

イタリアの哲学者。マルクス・ガブリエルと共に新実在論を提唱。専門は解釈学、美学、存在論。いずれも未邦訳だが、著書に『解釈学の歴史』『ドキュメンタリティ』などがある。

マルクス・ガブリエル（1980〜）

ドイツの哲学者。専門は後期シェリング研究。新実在論を唱え、若き天才と称される。メディアでも積極的に発言している。著書に『なぜ世界は存在しないのか』『神話・狂気・哄笑』などがある。

○「世界は存在しない。だが、一角獣は存在する」

「**新実在論**」とは、イタリアの哲学者**フェラーリス**とドイツの哲学者**ガブリエル**によって唱えられた新しい存在論。両者は2011年にこの名称を生み出したという。両者の考えはまったく同じではないのだが、**主体**（18ページ）が構築した結果として**客体**（18ページ）が生まれるという従来の**構築主義**を乗り越えようとしている点で共通している。ここではより広く知られているガブリエルの新実在論を中心に紹介していく。

ガブリエルは一般書として世界的なベストセラーになった『**なぜ世界は存在しないのか**』の中で、この概念をわかりやすく説明している。たとえば、ある山が見えるというとき、実際に存在するその山だけを意味するのか、それともいろいろなところからその山を見ているすべての人の視点をも意味しているのかについて、いくつかの立場を紹介したうえで、次のような立場を表明する。

つまり、私たちの思考対象となるさまざまな事実が現実に存在しているのはもちろんのこと、それらの事実についての私たちの思考も現実に存在しているのだと。いわば観察者にとっての世界と、観察者のいない世界が同時に併存しているのである。これが新しい実在論である。

このような前提に立つと、あたかもパラレルワールドのごとく観察者の数だけ世界は存在するけれども、外から観察する者はいないため、それらすべての世界を包摂《ほうせつ》する1つの「世界」は存在しないという結論が導かれるに至る。だから「世界は存在しない」と断言するのである。

これは彼が「**意味の場**（126ページ）」と呼ぶものに関係している。人間が認識できるのは、自分が意識して認識の対象にした領域だけだということだ。ところが、世界とは「すべて」を意味する概念なので、人間がすべての存在を認識できない以上、そんなものは人間にとっては存在しないということになるわけである。ちなみにフェラーリスの場合、この意味の場は頭や概念の中にではなく、環境あるいは**アフォーダンス**（156ページ）の中にあると考えている点で異なっている。

このように、私たちが意味を見出した通りに物事が実際に存在するという発想は、これまでになかった斬新なものであり、さまざまな可能性に開かれているといえる。

哲学を武器にするためのヒント

マルクス・ガブリエルが注目されるのは、彼自身がドイツの歴史においてもっとも若くして哲学の教授になったという触れ込みによる部分も大きい。人文系のアカデミズムは、その復権のためにスターを求めていたのだ。ましてや彼の思想はパラレルワールドを想起させる近未来的なものにもつながりうるので、注目されないわけがない。

056

field of sense（英）

意味の場

超訳

物事が意味をもって現れる場所

マルクス・ガブリエル（1980〜）

ドイツの哲学者。専門は後期シェリング研究。新実在論を唱え、若き天才と称される。メディアでも積極的に発言している。著書に『なぜ世界は存在しないのか』『神話・狂気・哄笑』などがある。

○意味の場がなければ物事は存在することさえできない

新実在論（124ページ）を提唱したドイツの哲学者**ガブリエル**の思想のキー概念。ガブリエルによると、あらゆる物事は「**意味の場**」に現象するという。つまり意味の場とは、物事が意味をもって現れる場所のことだ。あるいは、1人ひとりの人間の視点だといってもいいだろう。物事はなんでも、その人の視点からとらえられる。そうしてはじめてこの世に現れて、意味をもつようになる。たとえば、目の前の赤い物体も、私たちがリンゴだと思うからリンゴとして意味をもって存在している。

もしリンゴのことをまったく知らない人が見たら、変な赤い玉だと思うかもしれない。それは、その人にとってはリンゴが変な赤い玉として意味の場に現れているからである。とはいえ、これは意味を創り出すことではない。ガブリエルにいわせると、あくまで元から変な赤い玉という意味があって、それがそこに姿を

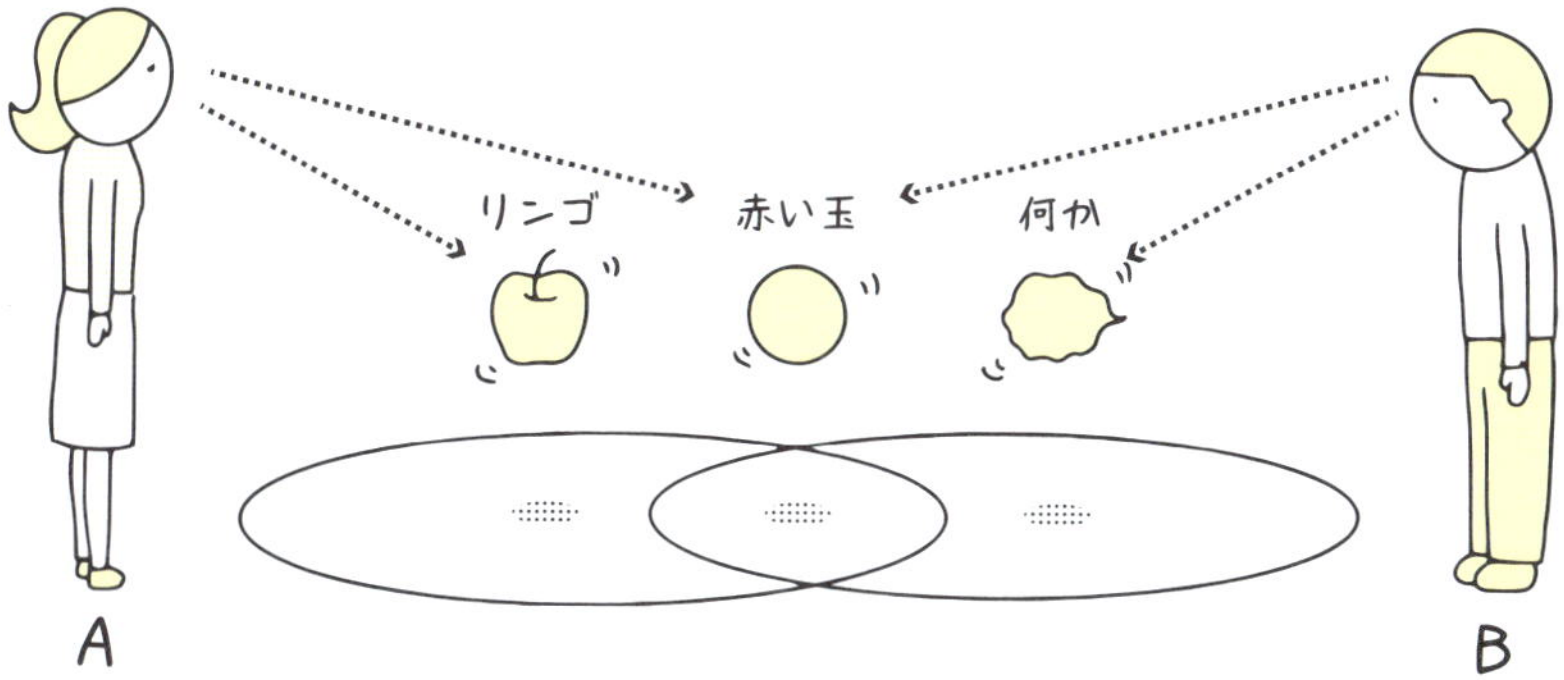

現している、つまり見る人の側からいうとその意味が抽出されたにすぎないのである。

このように人によって意味の抽出の仕方が異なるのだが、それでも私たちが物事の意味を共有できるのはなぜか？　それはお互いの意味の場が一部重なり、交差するからである。「これって赤いね」といえば、その範囲では、リンゴを知らない人とでも理解し合える。でも、「これってリンゴだよね」といった瞬間わかり合えなくなるのだ。意味の場がなければ、物事は存在することさえできないというのは、そういう意味である。

哲学を武器にするためのヒント

物事は、意味の場においてはじめて姿を現す。しかもこの場合の姿を現すというのは、実際に存在するという意味である。だから自分が意味を与えさえすれば、ユニコーンもサンタクロースも存在するということになる。この未知の可能性が、未来を予感させる点で魅力の１つだといえる。

057

相関主義

correlationism（英）

超訳

物事は人間との相関的な関係によってのみ存在しうるという考え方

イマヌエル・カント（1724〜1804）
ドイツの哲学者。倫理学では、無条件に正しい行いをすることを要求。著書に『純粋理性批判』『実践理性批判』などがある。

カンタン・メイヤスー（1967〜）
フランスの哲学者。師でもある著名な知識人アラン・バディウの後押しで有名に。思弁的実在論の象徴的存在とされる。著書に『有限性の後で』などがある。

○人間が思考できないものは存在しない

「**相関主義**」とは、物事が人間との相関的な関係によってのみ存在しうるという考え方をいう。フランスの哲学者**メイヤスー**によって唱えられた**思弁的実在論**（130ページ）はもちろんのこと、それを含む**思弁的転回**と呼ばれるいくつかの思想がこぞって批判する概念である。たとえば人間に見えるからそこに存在するとか、人間にとって硬いから硬いというような発想のことだ。すべての物事を人間中心に考えるとらえ方といってもいいだろう。

哲学の世界では、少なくとも近代ドイツの哲学者**カント**が物事の認識について画期的な議論を展開して以来、長らくこの相関主義を大前提としてきた。カントは人間が対象をあるがままに認識しているのではなくて、むしろ人間の認識能力の範囲で対象をとらえているにすぎないと論じたのだ。

ところが、メイヤスーはその前提に異議を投げかけた。相関主義を前提にすると、人間が認識できないものは思考できないことになる。その思考できないものをカントは**物自体**（32ページ）と呼んだ。コップは人間が見たりさわったりできる範囲では認識できるけれど、理屈上は、認識できない範囲になるともう知ることは不可能になる。それがコップの物自体となる。いわばメイヤスーは、相関主義を批判し、そこから抜け出ることによって、この物自体を思考する可能性について証明しようとしたわけである。

その相関主義を抜け出るためにメイヤスーがとったのは、あえて相関主義を徹底するという方法であった。つまり、人間中心に考える相関主義を徹底すると、人間には思考不可能な部分というのが必ず出てくる。そうすると、この世の中には人間の知らない部分が存在することになる。もしかしたら、この世界も今あるような形ではなくなってしまう可能性だってあるだろう。この世界がまったく偶然的に、別の世界に変化する可能性があるということだ。

メイヤスーが「**偶然性の必然性**」を唱えたのはそうした理由からだ。つまり、偶然性の必然性というのは、この世界は偶然に支配されているということにほかならない。だから、ある瞬間にすべてがまったく変わってしまう可能性だってあるということになるのだ。

哲学を武器にするためのヒント

相関主義を否定する思弁的転回の新しい思想は、いずれも難解である。その背景には、おそらく私たちが長年常識にしてきた認識に関する常識が横たわっている。つまり、人間にとっての認識とは、やはり主体が客体をとらえるということであって、その感覚が相対化されない限り、新しい思想を理解するのは難しいといえるのである。

058

思弁的実在論

speculative realism（英）

超訳
物事は人間の認識とは無関係に存在しうる

カンタン・メイヤスー（1967〜）
フランスの哲学者。師でもある著名な知識人アラン・バディウの後押しで有名に。思弁的実在論の象徴的存在とされる。著書に『有限性の後で』などがある。

レイ・ブラシエ（1965〜）
イギリス出身の哲学者。思弁的実在論の流れを汲む理論家の1人。ニヒリズムを徹底し、絶滅の真理を説く。著書に『ニヒル・アンバウンド』などがある。

○この世界は偶然に支配されている

近年、ヨーロッパを中心に**思弁的転回**（speculative turn）と呼ばれる新たな哲学の潮流が生じている。「**思弁的実在論**」とは、その中心となっている思想のことである。具体的には、フランスの哲学者**メイヤスー**が著書『**有限性の後で**』において掲げた思想を指す。

メイヤスーは**相関主義**（128ページ）という概念を提起しており、これが**OOO**（132ページ）などの思弁的転回の思想の潮流によってこぞって批判されるキーコンセプトになっている。つまり、相関主義とは、物事が人間との相関的な関係によってのみ存在しうるという考え方である。たとえば人間に見えるからそこに存在するとか、人間にとって硬いから硬いんだというような発想だ。すべての物事を人間中心に考えるととらえ方といってもいいだろう。

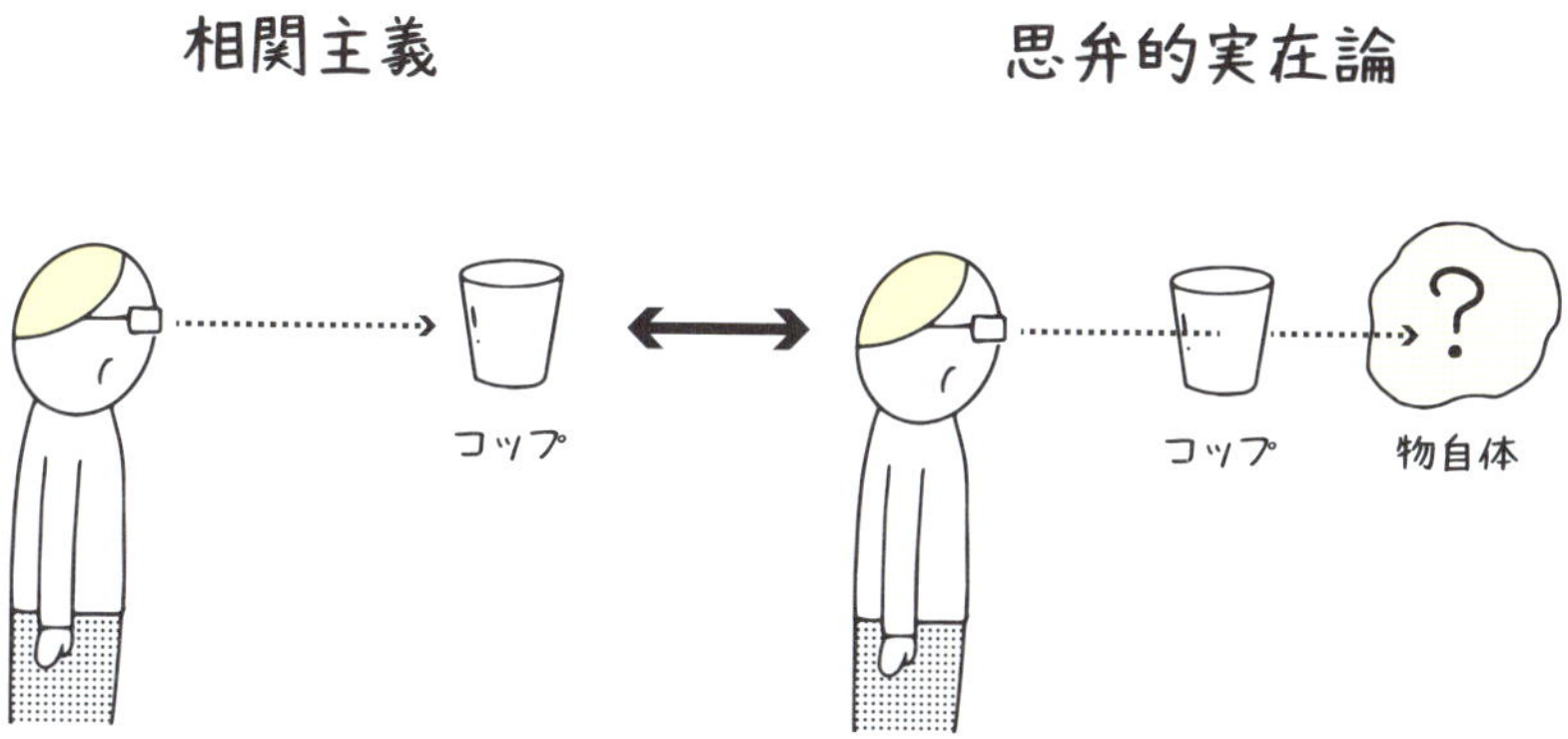

メイヤスーはその前提に異議を投げかけたのだ。そうすると、この世の中には人間の知らない部分が存在することになる。もしかしたら、この世界も今あるような形ではなくなってしまう可能性だってあるだろう。この世界がまったく偶然的に、別の世界に変化する可能性があるということだ。

このほかにも、同じく思弁的転回に位置づけられるアメリカの哲学者**ブラシエ**が、科学によって私たちが明らかにするのは、物事の本質ではなくて、すべてはいずれ無に帰するという絶滅の真理だと主張している。

哲学を武器にするためのヒント

思弁的実在論の潮流が思想界において衝撃を与えた理由は、その新しさにある。ポスト構造主義と呼ばれる思想が20世紀の末に登場して以来、思想界には大きなムーブメントは起きていない。そこにようやく複数の理論家が賛同するような思想の潮流が登場したのだ。思弁的実在論がポスト・ポスト構造主義と呼ばれるのはそうした理由からだ。

Object-Oriented Ontology（英）

OOO

超訳

世界はモノだけでできているとする立場

グレアム・ハーマン（1968～）

アメリカの哲学者。専門は形而上学。思弁的実在論の潮流におけるプロデューサー的存在。オブジェクト指向存在論（OOO）を提唱。著書に『四方対象』などがある。

あらゆるモノがひきこもって存在している

「**OOO（トリプルオー）**」とは、**オブジェクト指向存在論**のこと。アメリカの哲学者**ハーマン**によって唱えられた。ハーマンのOOOは、モノだけの世界を想定するところに特徴がある。そこでは、モノも人間もすべてが対等の関係にあるという。また、モノ同士は関係しあうこともなく独立のものとして存在しているとされる。このことをハーマンは、あらゆるモノがひきこもって存在していると表現する。

ハーマンは自らの描くモノの世界を説明するために、あらゆる対象の存在を4つの極の相互関係によって把握しようとした。つまり、**実在的対象**・**実在的性質**・**感覚的対象**・**感覚的性質**の4つである。これらはまとめて「**四方界**」と呼ばれる。

感覚的対象というのは、私たちの意識に現れるあらゆる対象のことである。それにはコップのような実在の物

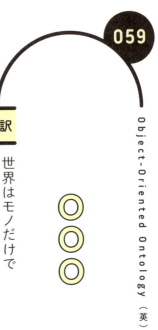

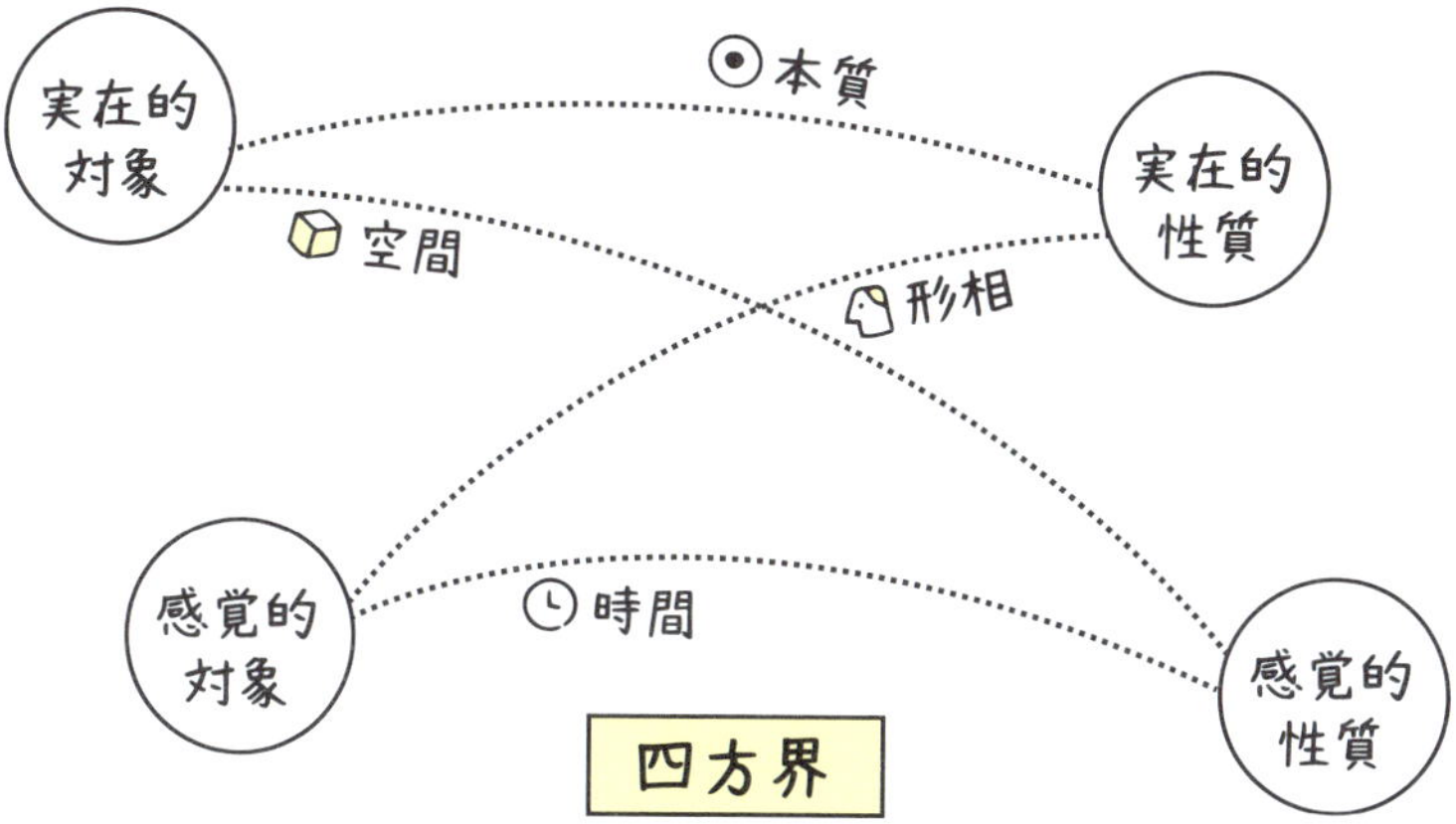

だけでなく、鬼のような架空の物も含まれる。これらはたいてい自分の置かれた状況によってそのつど姿を変えて立ち現れる。コップが光の当たり具合によって色を変えるように。これが**感覚的性質**と呼ばれるものである。対して、**実在的性質**というのは、物事の本質的な性質。そして**実在的対象**とは、そうした性質を秘めた実在ということになる。これはハーマンのいうひきこもった状態である。いわば物事の本質は、普段はひきこもって隠れた状態にあるのだが、あるときふと姿を現すのだ。コップが空になってはじめて、コップの存在を意識するというように。

哲学を武器にするためのヒント

OOOが支持を受けているのは、その実践性にある。思想は現実の社会の出来事とシンクロしてはじめて大きな力をもつ。たとえばデリダの脱構築が建築に応用されたように。OOOもまた建築やアートに応用されることで、今や思想界を超えて認知される考え方へと成長しつつある。

060

new materialism（英）

新しい唯物論

超訳

物質を中心に世界を考える立場

マヌエル・デランダ（1952〜）
メキシコ系アメリカ人の哲学者。都市や建築についても頻繁に論じており、建築学科で教鞭をとる。著書に『機械たちの戦争』『社会の新たな哲学』などがある。

フランソワ・ダゴニェ（1924〜2015）
フランスの哲学者。身体の哲学について論じている。著書に『バイオエシックス』『ネオ唯物論』などがある。

○モノが独立に存在しモノそのものが価値を生み出す

「**新しい唯物論**」とは、簡単にいうと物質を中心に世界を考える立場である。もともと**唯物論**とは、心や精神の根底には物質があるとする考えのことをいう。つまり、精神的なものではなく、モノこそがすべての根源にあるととらえる立場だといっていいだろう。

これに対して、メキシコ系アメリカ人の哲学者**デランダ**によると、新しい唯物論は、物質の意義を重視する点では従来の唯物論と何ら変わるところはない。しかし、これまで唯物論の象徴であるかのようにとらえられてきた**マルクス**のそれが人間中心主義であるのに対して、新しい唯物論は非人間中心主義だというのだ。たとえば、マルクスはあくまで人間の労働こそが価値を生み出すとしたが、デランダは蒸気機関や石炭、産業組織そのものが価値を生み出すと主張する。この発想は、長らく私たちが前提としてきた、物を生み出す際の大原則の転換を迫るものであるといえるだろう。

　私たちが前提としてきたのは、人間、少なくとも生命体の意志が物事を生み出し、世の中を変えるという考え方である。いわば私たちはずっと、脳がなければ価値は生み出されないという確信に満ちていたのだ。ところがデランダは、自然現象を例に挙げ、そのことさえも否定する。たしかに自然現象は脳によって引き起こされているものではない。あるいは、いくつかの単細胞生物もそうだろう。

　それでは、モノが独立に存在するこの世界において、人間の心はいかにそこにかかわっていけばいいのだろうか。これに関する回答となるのが、フランスの哲学者**ダゴニェ**による新しい唯物論の考え方である。

　ダゴニェもまた精神的なものを優位としてきた哲学の歴史に抗して、唯物論の復権を唱えている。しかし、物質性の評価を拡大することは、観念の力を過小評価することではなく、まったく逆だという。むしろダゴニェは唯物論の立場から心の意義について再定義を試みている。ダゴニェは、生命が物質の雲散霧消《うんさんむしょう》を防ぎ、人間の意識が生命を延長し、救済すると主張している。そして人間はこのことを目指して技術を洗練させているというのである。つまり、心は単にモノを把握するにとどまるのではなく、より積極的にモノにかかわり、モノを救済さえするというわけである。

哲学を武器にするためのヒント

新しい唯物論のように、モノが自立しているかもしれないという発想は、AI時代にはリアリティがある。IoT（Internet of Things：モノがインターネットにつながり情報交換・相互制御する仕組み）の流行も、そうした思想にお墨付きを与えているかのようである。近未来においてモノが主役になる社会の到来を予感させる思想である。

ポスト・ヒューマニティーズ

post humanities（英）

超訳

非人間中心主義の知の枠組み

ロージ・ブライドッティ（1954〜）

イタリア出身の哲学者、フェミニズム理論家。オランダのユトレヒト大学にて教鞭をとる。著書に『不協和のパターン』『ポストヒューマン』などがある。

○人間以外の他者とのかかわりを重視する

「**ポスト・ヒューマニティーズ**」とは、一言でいうならば、人間中心の思考を転換しようとする思想の潮流である。その典型は、なんといっても**思弁的実在論**（130ページ）だろう。人間がどう物事をとらえるかという相関関係を否定的にとらえた現代フランスの哲学者**メイヤスー**や、対象だけの世界観を描いた現代アメリカの哲学者**ハーマン**の**OOO**（132ページ）の思想がそうだ。あるいは物中心の世界を想定する**新しい唯物論**（134ページ）もそうした潮流に含まれるだろう。

この点、イタリア出身の哲学者**ブライドッティ**が著した『**ポストヒューマン**』は、こうしたポスト・ヒューマニティーズという潮流の意義を図式的に整理しており、参考になる。つまり、ポストヒューマンとは、私たち人間がこの地球上の他の生き物などと関係する際、共通の参照項となる基本的単位が何なのかをめぐる

問題だというのだ。

人類がこの惑星のすべての生命に影響を与える地質学的な力をもつようになった時代、いわゆる「**人新世（アントロポセン）**」（112ページ）の時代において、これまでの人間中心主義を超えた視点をもたらす有用な視点だ。

じつは『ポストヒューマン』の副題は「新しい人文学に向けて」となっているのだが、ブライドッティのモチーフもそこにある。ブライドッティは、ポストヒューマンという視点から、危機に瀕した大学の人文学を刷新しようともくろんでいるのである。

哲学を武器にするためのヒント

ポストヒューマン的な視点にワン・ヘルスという概念がある。これは、人間の健康と動物の健康や生態系の健康が、いまや切り離せないほどに結びついていることに着目して研究を行うもの。もはや人間の健康だけを特権視して研究しても、この地球で起こっていることは完全には解決できない。つまり、人間の健康も解決できないのである。

062

トランス・ヒューマニズム

transhumanism（英）

超訳

身体能力の飛躍的拡張を肯定する立場

ニック・ボストロム（1973〜）

スウェーデン人の哲学者。トランス・ヒューマニズムについてメディアでも頻繁に発言。世界トランスヒューマニスト協会を設立し、会長を務めている。著書に『スーパーインテリジェンス』などがある。

○ 身体拡張によるポストヒューマン時代のルール

人間超越主義とも訳される概念で、スウェーデン出身の哲学者**ボストロム**によって掲げられた。ボストロムは世界トランスヒューマニスト協会を創設し、「**トランス・ヒューマニズム**」の議論を牽引している。科学や医療の進化のおかげで、今や人類は身体能力を飛躍的に拡張する可能性をもつようになった。そこで誰もが分け隔てなく進化することはよいことであるとして、この考え方を推し進めている。

たしかに、医療を批判する人はいないだろう。現代社会においては、その延長線上に身体の進化を位置づけることができる。そこで私たちが考えなければならないのは、身体の進化に伴って立ち現れる新しい世界との対峙の仕方だという。そうした新しい世界のルールをいかにつくり、そこでいかに生きていくか。世界の意味が変われば、当然その中でどう生きるかも変わってくる。たとえば、誰もが鳥のように空を飛べるようになれば、空をどう飛ぶかという交通ルールをつくる必要が出てくるだろう。

そんな**ポストヒューマン**とも呼ぶべき新しい人間が登場する前に、私たちはもっと基礎的なルールについて確認しておく必要がある。新しい世界を受け入れるための条件に関する合意といってもいいだろう。

これについてボストロムは、トランス・ヒューマニズムのプロジェクトを実現させるために、次の3つの基本的条件が必要だといっている。1つ目はグローバル・セキュリティである。具体的には、もともと地球にあった知的生命、つまり人間の存在の危機だけは避けなければならないということだ。

2つ目は、自明のことながら科学の進歩である。しかもそれは経済成長と深く結びついているという。そして3つ目は、広いアクセスだ。誰もがポストヒューマンになれることが重要なのだ。それこそが、トランス・ヒューマニズムを認めるための道徳的基礎になるという。つまり、国籍や経済的状況にかかわらず、誰もがポストヒューマンになれる機会が与えられる必要があり、そのためには広いアクセスが不可欠だということである。

哲学を武器にするためのヒント

アニメ『攻殻機動隊』は、ハリウッドの実写版映画も近年公開され、世界中で人気がある。おそらくその理由は、主人公たちが身体をサイボーグ化していくという点が、現代のトランス・ヒューマニズムの実態と重なり、リアリティを喚起しているからではないだろうか。その中で人間の本質とは何かが問われる点も共感を呼んでいるのだろう。

063

philosophy of mind（英）

心の哲学

超訳

心とは何かを考える哲学

ルネ・デカルト（1596〜1650）

フランスの哲学者。疑い得ないのは意識だけであるとする「我思う、ゆえに我あり」という言葉で有名。著書に『方法序説』『情念論』などがある。

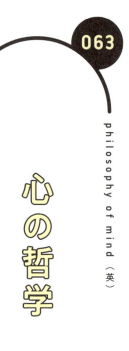

人間の心は物理的存在か非物理的存在か

「**心の哲学**」とは、文字通り心とは何かを考察する哲学の一分野である。人間の心の正体については、古代ギリシア以来の哲学的テーマであり、少なくとも近世においてフランスの哲学者**デカルト**が**心身二元論**（44ページ）を唱えて以来、主要なテーマとして論じられてきたといってもいい。ところが、近年科学の進展に伴い、科学によって心を生み出せるかどうかがＡＩの文脈で論じられるようになり、心の哲学が新たな視点から脚光を浴びている。

心の哲学には、2つの代表的な考え方がある。1つは、**二元論**と呼ばれるもので、心は非物理的な存在であり、世界は非物理的な存在と物理的な存在の2種類で構成されていると考える。もう1つは、**物的一元論**と呼ばれるもので、世界は物理的な存在だけで構成されていると考える。これは**物理主義**と呼ばれることもある。なぜなら、物理的一元論によると、心も含めすべては物理学で説明できるということになるからである。

二元論の問題点は、心が非物理的な存在だとすると、いったいどのように物理的な存在に影響を及ぼしているのかが説明できないという点である。あたかも心が念力によって物に作用しているというなら話は別だが、それはなかなか受け入れられないだろう。

これに対して、一元論によるとすべては物理的作用によるものなので、こうした問題は起きない。つまり、私たちが心と呼んでいるものは、脳にすぎないと考えればいいのだ。そうした考え方は、**心脳同一説**と呼ばれる。心の状態とは脳の状態を指すということだ。たしかに人によって色や味の感じ方、いわば**クオリア**（146ページ）が異なるわけだが、それは人によって脳が異なるからに違いない。

さらに二元論によると、私たちが他人の心をどう認識しているのかがわからないという問題も生じる。私たちは他人とコミュニケーションをとっているが、心が非物理的存在だとすると、いったいどうやってそれを理解するのか、仕組みが説明できなくなってしまうのである。

哲学を武器にするためのヒント

認知科学の進展によって、人間の心が科学的にも解明されつつある。そこで、これまでブラックボックスであった人間の心を、哲学の世界でも新たな視点から研究するという潮流が生じているのだ。それが心の哲学の隆盛の背景にある。哲学者と科学者が共に議論してはじめて、人間の心は解明されうるのである。

064

naturalism（英）

自然主義

超訳

人間は自然に支配されているという立場

ポール・チャーチランド（1942〜）

アメリカの哲学者。専門は心の哲学、神経哲学。消去主義的唯物論の立場から素朴心理学を批判。著書に『物質と意識』『認知哲学』などがある。

◯すべての物理的な出来事は物理法則で決定されている

「**自然主義**」とは、人間が自然に支配された存在であると考える立場。従来、哲学の世界では、人間は理性や**自由意志**によって自然に対抗できる反自然的な存在であると考えてきた。これに対して、現代の哲学における**自然主義**の立場は厳しい批判を投げかけている。

その背景には、**物理主義**のような科学を重視する発想が横たわっている。つまり、すべての物理的な出来事は、それに先行する出来事と物理法則によってのみ決定されているという考え方である。あるいは、心の作用も脳という物質的なものに還元できるという考え方や、人間の倫理的な振舞いさえ、自然淘汰《とうた》という機械的プロセスによって解明可能だとする考え方である。

こうした自然主義の中でも、心をどこまで物理的なものととらえるかをめぐって、ラディカルな立場と、比較的緩やかな立場の2つがある。

前者は、脳科学の発達を背景に主張されるもので、心の状態を表す概念が、脳の機能が指示するものと同じものを表しているとみなす**心脳同一説**や、心の状態も脳科学の概念に置き換え可能で、消去できるとする**消去主義**などがある。

消去主義はアメリカの哲学者**チャーチランド**らが唱え始めたもので、科学の進展によって、心の状態などという概念そのものがいずれ消えてなくなると主張するものである。

他方、後者の比較的緩やかな立場の方は、いくら心に関する出来事が脳のような物質に関する出来事と同一であるとしても、心を統御する原理まで物理的現象に同一化することはできないという主張である。これには心の概念レベルでの科学への還元は不可能であるとする**非還元的唯物論**や、心的な状態はその状態のもつ機能によって定義されるという**機能主義**(144ページ)の立場がある。

哲学を武器にするためのヒント

自然主義と聞くと、自然主義文学とか自然主義の絵画を思い浮かべる人が多いだろう。しかし、そこでいう自然は現実のありのままを意味するものであって、哲学のそれとは別物だ。そこで哲学における自然主義は、哲学的自然主義と呼ばれることもある。あくまで自然の一部である人間を、科学的に把握しようとする立場だからだ。

065

機能主義

functionalism（英）

超訳

心は機能によって定義できると考える立場

デイヴィッド・アームストロング（1926〜2014）

オーストラリアの哲学者。形而上学や心の哲学の分野の研究で知られる。機能主義の提唱者。未邦訳だが、著書に『心身問題』などがある。

○ AIには意識が生じうるか

「**機能主義**」とは、心の状態をその機能によって定義可能とする立場である。オーストラリアの哲学者**アームストロング**らが唱え始めたもの。20世紀半ばから盛んに論じられるようになった「**心の哲学**」（140ページ）の分野において、心を物質的な世界に位置づけようとする議論が生じてきた。その1つが「**心脳タイプ同一説**」と呼ばれるものだ。つまり、痛みという状態の一般的事象（タイプ）は、脳のC繊維の興奮という状態の一般的事象（タイプ）と同一だとする考え方である。

そうすると、痛みの個別事例（トークン）は、すべてC繊維の興奮の個別事例（トークン）であるということになる。ところがここで問題が発生する。なぜなら、C繊維の代わりに人造の神経繊維を脳に埋め込むとその人は「痛い」というかもしれないが、痛み自体は感じていないことになる。逆に、C繊維のみ脳からとり出し、それを興奮させただけで痛みが生じることになってしまう。

こうした問題を解決するために唱えられたのが機能主義である。つまり、心的状態とは機能的状態にすぎないと考えるのだ。痛みについていうと、あくまで刺激に対して生じる因果的機能によって定義される状態だと考えるわけである。

その結果、心的状態はさまざまなタイプの物的状態によって実現可能になる。先ほどの人造繊維の興奮によっても、痛みの機能を実現できるのだから、ちゃんと痛みが生じることになる。反対に、C繊維を脳からとり出して興奮させても、痛みは生じない。それでは痛みの機能が実現されないからである。

人間の臓器を例に考えてみるともっとよくわかるだろう。たとえば、どんな人造の臓器でも、生身の臓器と同じ機能を果たしているなら機能的には同じである。このように同一の機能がさまざまなタイプの物理的状態によって実現可能であることを、**多型実現可能性**と呼ぶ。

そこで、こうした機能主義は、AIが意識を生じるかという議論に大きな影響を与えている。機械で構成された存在でも、機能さえ整えば意識を生じるのは可能ということになるからである。

哲学を武器にするためのヒント

機能主義に注目が集まるのは、なんといってもAIの登場のおかげである。AIが意識を持つかどうかは、未来の人間社会の在り方を大きく左右する。機能さえ整えばいいという機能主義の明快さは、科学が浸透するこの社会において大きな説得力を持つ。だからこそ哲学は真剣にその検証を行う必要があるといえるのだ。

066

qualia（英）

クオリア

超訳

主観的に経験される感覚

デイビッド・チャーマーズ（1966〜）
オーストラリアの哲学者。心の哲学の分野を主導している。著書に『意識する心』『意識の諸相』などがある。

トマス・ネーゲル（1937〜）
アメリカの哲学者。専門は政治哲学、倫理学、心の哲学、認識論など幅広い。専門書だけでなく一般書も多く出版している。著書に『コウモリであるとはどのようなことか』『哲学ってどんなこと？』などがある。

○主観的な経験は脳からどのようにして生まれるのか

「**クオリア**」とは、意識に現れる感覚的な質のことである。主観的経験とか、単純に「感じ」と説明されることもある。

クオリアについては、意識は物的なものに還元できるかどうかというかたちで議論される。たとえば、黄色いバナナが見えるからといって、脳が黄色くなるわけではないだろう。あるいは、チョコレートの甘さを感じたからといって、脳が甘くなるわけでもないだろう。

オーストラリアの哲学者**チャーマーズ**は、**哲学的ゾンビ**（148ページ）という**思考実験**を用いて、クオリアが物的なものに還元可能かどうかという問題は、科学だけでは解決できない困難な問題であると主張している。この、脳からどのようにしてクオリアが生まれるのかという問題は、「**意識のハードプロブレム**」と呼ばれている。これに対する概念として、脳における情報処理の物理的プロセスを扱う「**意識のイージープロブレム**」がある。

このクオリアが抱える問題点を端的に表現したのが、アメリカの哲学者**ネーゲル**による「**コウモリであるとはどのようなことか**」という思考実験である。つまり、同じ哺乳類であっても、コウモリはどのように世界を感じているのか、人間には知り得ないということである。ここでいいたのは、クオリアがそれだけ主観的な現象であるということだ。

おそらくクオリアの本質がわかれば、心自体のメカニズムは明らかになると考えられている。その意味で、クオリアは心の謎を解くカギを握っているといえるのである。

その点で今もっとも可能性があるのが**表象説**だ。表象、つまり私たちの経験によって現れてくるものを、表象それ自体に備わる「内在的特徴」と、表象される内容に備わる「志向的特徴」という要素に分けて考えるものである。先ほどの黄色いバナナでいうと、内在的特徴はそれを認識している脳のニューロンの特徴を指すのに対して、志向的特徴は黄色のクオリアのことを指す。そして志向的特徴は、表象の内容という物的に説明しうる性質のものなので、クオリア自体を物的に説明できる可能性があるという理屈だ。

哲学を武器にするためのヒント

クオリアはそれを感じている本人にとっても、説明が難しいものである。たとえば、「キラキラした」とか「ワクワクする」という感じをどう説明すればいいのか。「辛い」という味覚でさえ、人によって異なる。そこで今、ビジネスの世界では、多くのデータを集めることでそれを数値化し、基準をつくろうとする新たな動きも始まっている。

067

philosophical zombie（英）

哲学的ゾンビ

超訳

意識はあるが主観的な経験を欠く人間

デイビッド・チャーマーズ（1966～）

オーストラリアの哲学者。心の哲学の分野を主導している。著書に『意識する心』『意識の諸相』などがある。

○外見上は人間だが人間でない存在

「**哲学的ゾンビ**」とは、意識をもっていながらも**クオリア**（146ページ）、つまり主観的な経験を欠く人間のことである。オーストラリアの哲学者**チャーマーズ**によって提起された概念。チャーマーズは、**心の哲学**（140ページ）の分野における**思考実験**の1つとして、この概念を紹介している。

本来は、意識をもっていれば、クオリアがあるといえる。私たち人間はまさにそうした存在である。しかし、論理的には意識をもっていつつも、クオリアが欠けているという存在を想定することは可能である。そうした存在は、外見上は生きてはいるものの、あたかも心がないかのような存在なので、ホラー映画のゾンビになぞらえられるわけである。

では、哲学的ゾンビは存在しうるかどうか？　たとえば、水は水素と酸素からできている。しかし、普段私たちが水を飲んだり使ったりしているとき、そこに水素が含まれていることを意識していないだろう。その意味で、水が水素を含まないということも思考可能ではある。ただ、それはありえない。したがって、思考可能性は必ずしも事物可能性を保証するものではないのだ。

もちろん、今後のクオリア研究次第で結論は変わってくるかもしれないが、今のところはゾンビに関しても思考可能性が事物可能性を保証するとはいえない。したがって、哲学的ゾンビが存在するとはいえないのだ。

この思考実験がいわんとするのは、外見上まったく人間と同じようにふるまっていても、だからといってそれが必ずしも人間だとはいえないということである。その点で、なんでも物理的な性質に還元できるとする**物理主義**を批判する根拠になりうるのだ。こうしてチャーマーズは、彼が「**意識のハードプロブレム**」と呼ぶところの意識の発生メカニズムを物理主義によって解決することはできないと主張した。

哲学を武器にするためのヒント

哲学的ゾンビは明らかにAIが意識をもつかという文脈で出てきたものだ。この表現が一定の評価を得ているのは、意識をもっているように見えるAIが、ゾンビのごとき存在であるという共通の認識があるからだろう。未来において、はたして私たちはゾンビたちと共生可能なのかどうか、警鐘を鳴らされているように思えてならない。

068

シンギュラリティ

singularity（英）

超訳 AIが人間の能力を超える段階に至ること

レイ・カーツワイル（1948〜）
アメリカの未来学者。本名はレイモンド・カーツワイル。AI研究の世界的権威。発明家としても知られる。著書に『ポスト・ヒューマン誕生』などがある。

マレー・シャナハン
イギリスの人工知能の専門家。認知ロボティクスの分野の大家で、人工知能の社会実装のための研究を行っている。著書に『シンギュラリティ』などがある。

○いつかロボットが人間を支配するとき

「**シンギュラリティ**」とは、AIが人間の能力を超える段階に至ること。**技術的特異点**と訳される。アメリカの未来学者**カーツワイル**によると、自らのつくりだしたテクノロジーと融合する臨界点であるという。したがって、シンギュラリティ以後の世界では、人間と機械、物理的な現実と**拡張現実**《ヴァーチャルリアリティ》**（VR）**の間には、区別が存在しなくなる。

カーツワイルは、そんな現実が2045年にも訪れると予測する。シンギュラリティというのは、ロボットが人間を追い越すという単純な話ではなくて、人間がこれまで生きてきた世界が変わってしまうことを意味しているのだ。人間とは何かという定義や、世界のルールがすべて変わってしまうということだ。

たとえば、イギリスの認知ロボット工学の専門家**シャナハン**は、AIが人間と同じ思考パターンを手に入

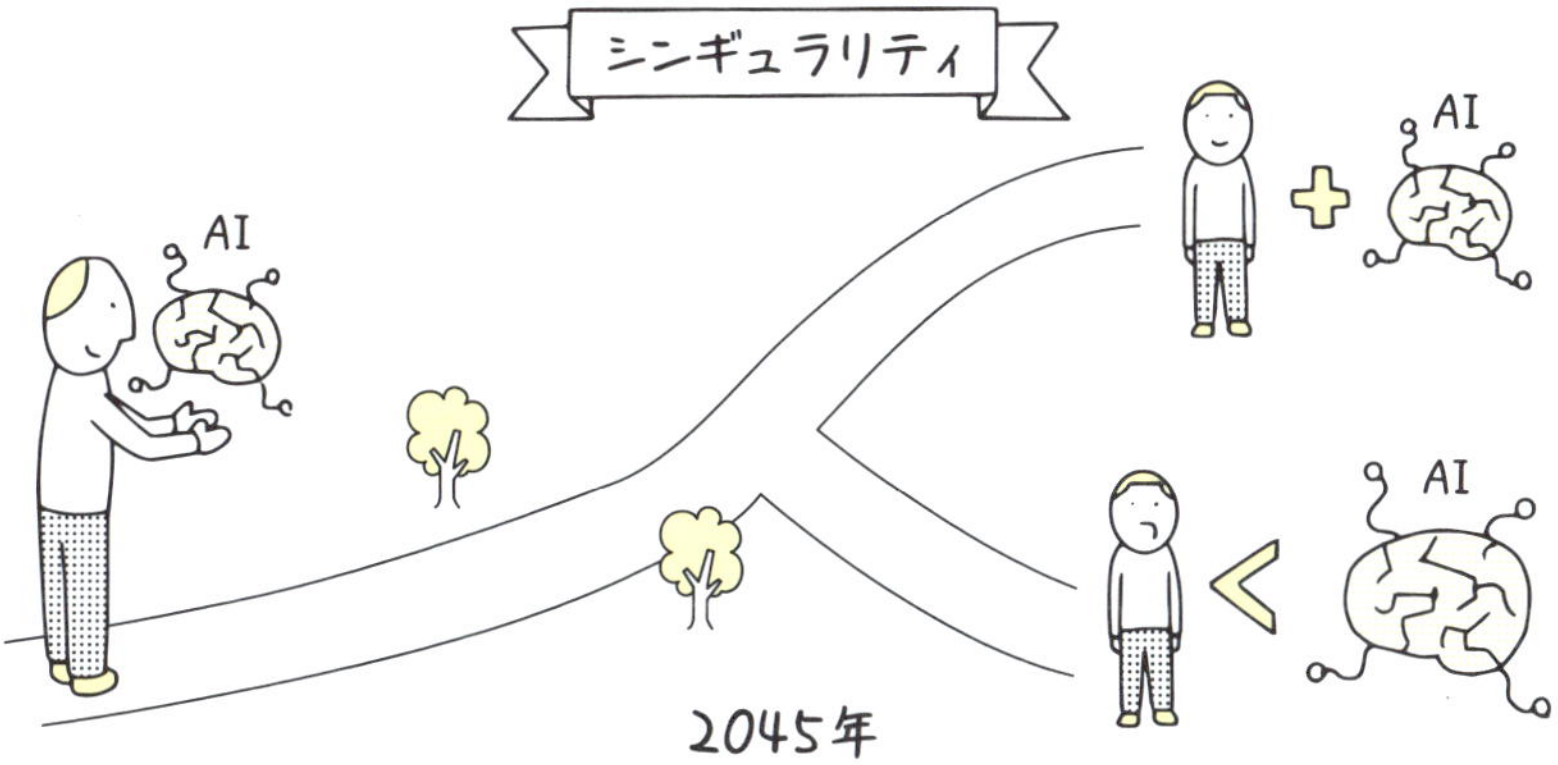

れたからといって、人間と同じような常識をもつとは限らないと警鐘を鳴らす。もしクリップが必要なら、地球を破滅させてでもクリップを増やすことだって考えかねない。なぜなら彼らにとって、「すべては人間のために」などという目的は、決して暗黙の前提ではないからだ。あるいは、そのうちまったく別の思考パターンを見つけ出す可能性も大いにある。そうなると、ＡＩはもはや人間にとって計り知れない知的生命体と化すおそれがある。

哲学を武器にするためのヒント

シンギュラリティが実現するのかどうかは別として、少なくとも私たちはその対応策を講じておかなければならない。ある日突然ロボットが意識をもち、人間の能力をはるかに上回る活動を始めたら、もう手に負えないからだ。法学者たちによる「ロボット法」の提案はその１つであるといえるだろう。

069

Homo Deus（ラ）

ホモ・デウス

超訳

テクノロジーによってアップグレードされた人間

ユヴァル・ノア・ハラリ（1976〜）

イスラエルの歴史学者。歴史学の立場からAIやデータ至上主義といった現代の諸問題に取り組んでいる。著書に『サピエンス全史』『ホモ・デウス』などがある。

ホモ・サピエンスを越えた存在

「**ホモ・デウス**」とは、テクノロジーによってアップグレードされた人間のことをいう。イスラエルの歴史家**ハラリ**による概念。ハラリは『**サピエンス全史**』でその名を世界に轟《とどろ》かせたかと思うと、未来を予言する書『**ホモ・デウス**』を立て続けに世に問い、現代の預言者ともいうべき扱いを受けている。そのハラリが主張するのが、AI、生命工学、ナノテクノロジーなどの新しいテクノロジーの発展によって、人類はホモ・サピエンスを超えた存在であるホモ・デウスにアップグレードされていくというビジョンである。

これまで人類は、飢饉《ききん》や疫病、そして戦争をなくすために悪戦苦闘してきた。ところが、21世紀の今、基本的にそれらはもはや問題ではなくなったという。たとえば、テクノロジーの進化のおかげで、病気で死ぬ人は圧倒的に減った。

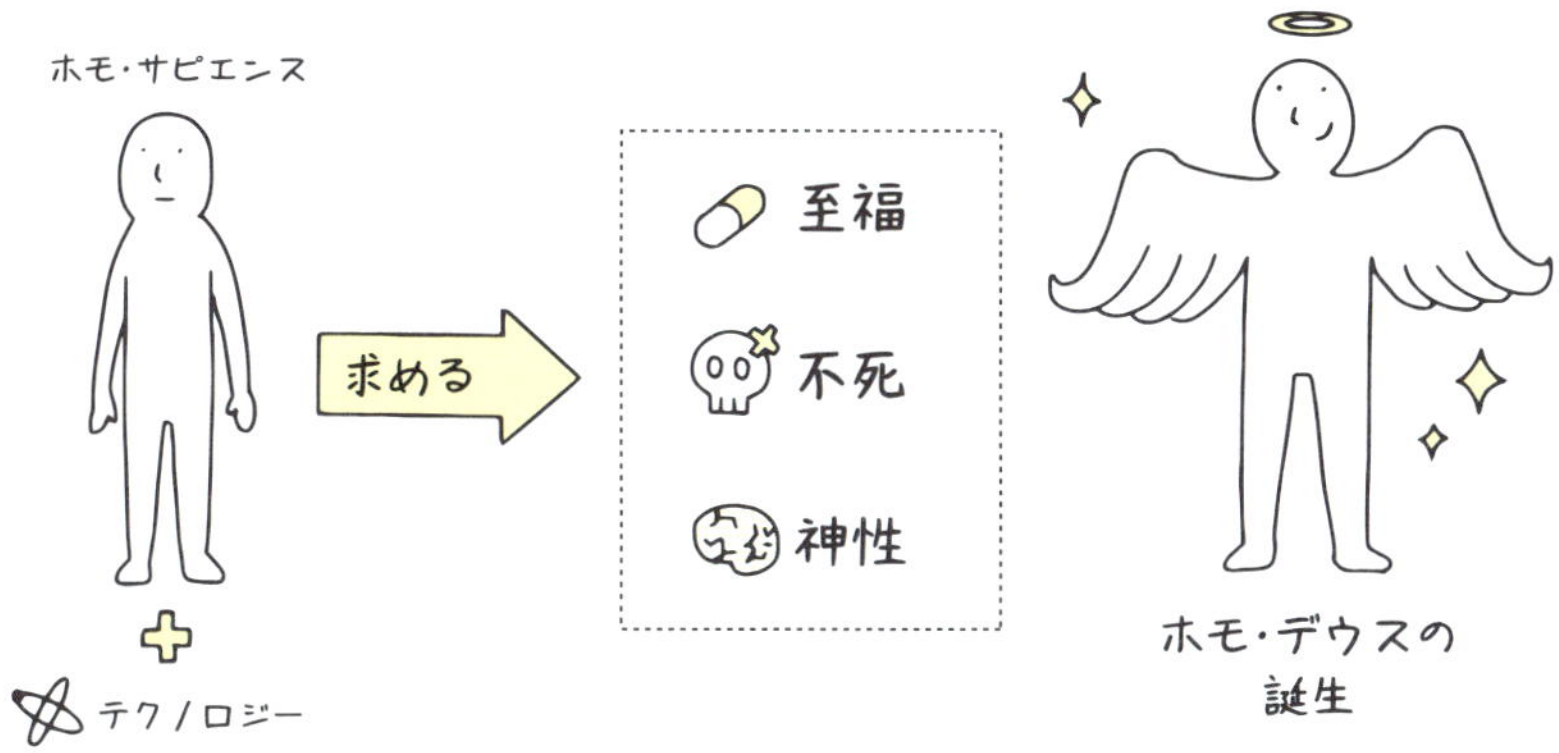

したがって、むしろこれからの人類の目標は、至福と不死と神性の獲得であるという。至福とは、薬物を含む生化学的な手段による持続的な幸福感の実現。不死とは、寿命の延長。そして神性とは、ＡＩなどのテクノロジーの発展により、今の人間の能力をはるかに超えてアップグレードされた知性のことをいう。デウスとはまさに神を意味する言葉である。しかし同時にそれは、人間がＡＩの判断にひれ伏すことをも意味している。つまり、ハラリは、データ至上主義によって、人間がデータに従って生きていくことになる未来に警鐘を鳴らしているのである。

哲学を武器にするためのヒント

ホモ・デウスという発想は非常に説得力がある。それゆえにハラリは預言者扱いされ、著書もベストセラーになっているわけである。しかし他方で、データに支配される未来を望む人間は少ないだろう。皮肉なことに、ホモ・デウスの誕生を予言する書が、ホモ・デウスの出現を防ぐきっかけになるのかもしれない。

070

frame problem（英）

フレーム問題

超訳

関係することとそうでないことをどうやって決めるか

ダニエル・デネット（1942〜）

アメリカの哲学者。専門は心の哲学、科学哲学。特に進化生物学・認知科学と交差する領域を研究。著書に『心はどこにあるのか』『心の進化を解明する』などがある。

○なぜAIは冷蔵庫から牛乳をとり出せないのか

「**フレーム問題**」とは、課題に関係する事柄とそうでない事柄を瞬時に区別するにはどうしたらいいかというものである。もともとは、ＡＩという言葉を初めて使用したアメリカの認知科学者**マッカーシー**らによって提起されたもの。私たちは何をするにも、じつはある程度の前提のもとに思考や行動を行っている。その前提こそフレームにほかならない。

たとえば、冷蔵庫から牛乳をとり出すというだけでも、冷蔵庫がきちんと存在して、冷蔵庫の扉がきちんと開いて、牛乳が手でつかめるものであって、しかもとり出すことを邪魔する人間がいない状況で、といったような前提がある。当たり前のことのように思われるかもしれないが、ＡＩに冷蔵庫から牛乳をとり出すことをやらせるとしたら、そう簡単ではない。ＡＩには人間のような常識がないからだ。

現代の哲学者たちは、こうした前提のもとにフレーム問題をとり扱っている。アメリカの哲学者**デネット**は、ロボットが洞窟に入り、爆弾をつけられたバッテリーをとり出してくるというミッションを例に、その難解さを説明している。

つまりこの場合、ロボットは無数の可能性を想定してしまうので、このミッションを成し遂げることができないのだ。なぜなら、何かが起きる可能性を考え出すときりがないからだ。かといって、関係のない事柄を排除するとしても、それもまた無数にあるため、やはりミッションが遂行できなくなる。

このミッションを瞬時に成し遂げるには、洞窟に入って、爆弾のつけられたバッテリーをとり出してくるか、可能なら爆弾だけを外してバッテリーをとり出してくるかしないといけない。ただそれだけを考えればいいのだ。

残念ながらこうしたフレーム問題はまだ解決されていない。そのメカニズムさえわかっていないので、ＡＩにとってどころか、ある意味では人間にとっての課題でもある。１つの方向性としては、何かに注意を向ける能力、そしてそれと関係がありそうな人間の感情に着目するという提案もなされている。

哲学を武器にするためのヒント

フレーム問題はAIの開発をめぐって議論されてきた。この問題が解決されない限り、AIが人間並みあるいはそれ以上のレベルで仕事を担うのは困難だからだ。AIが東大に合格することができないのも、このフレーム問題がネックになっているからだろう。人間と阿吽の呼吸でコミュニケーションできるドラえもんが誕生するのはまだ先のようだ。

071

affordance（英）

アフォーダンス

超訳

知覚が行動のための情報を提供すること

ジェームズ・J・ギブソン（1904〜1979）
アメリカの心理学者。専門は知覚研究。アフォーダンスの概念を提唱して生態心理学の領域を切り拓いた。著書に『視覚ワールドの知覚』『生態学的視覚論』などがある。

○見ただけでどう行動すればいいか直感でわかる仕掛け

「**アフォーダンス**」とは、「提供する」という意味の語「アフォード」を元にした造語。アメリカの心理学者**ギブソン**が用いた概念。彼は、知覚とはある一定の環境の中で、人がどのように行動できるのか、その情報把握をすることだと主張した。これは、それまでの伝統的な知覚観とは異なる。

ギブソンによると、生物は環境に適応するために知覚をしていることになる。こうした考え方は**生態学的アプローチ**と呼ばれる。つまりアフォーダンスとは、知覚が行動のための情報を提供することであるといえる。

もう少し具体的にいうと、生き物は何かをしようとするとき、周囲の物の性質を利用する傾向がある。溺れれば何かにつかまろうとするし、暗闇なら触って確かめようとするだろう。そして物の性質から情報を得るのだ。

その物が与える性質こそがアフォーダンスである。そしてアフォーダンスを探す行為のことをギブソンは**知覚システム**と呼んだのだ。したがって、知覚システムの動きをよく観察すれば、物に潜む多数のアフォーダンスについて知ることができる。このように知覚とは、世界と接触し続けることでもあるのだ。

そんなアフォーダンスは、じつは日常の中に多くとり入れられている。たとえば、ドアでいえば、押せばいいのか引けばいいのか、形を見てすぐわかるようにするのが、アフォーダンスだ。

ドアの取っ手が平らでつかむところがないなら、押すしかない。逆に突き出ていてつかめるようになっていれば、思わず引いてしまうだろう。あるいはリモコンの中でも電源ボタンだけひときわ大きくて目立つようにしておけば、まずそれを押すだろう。

このように、知覚するだけでどういう行動をとればいいのかすぐわかる、あるいは思わずその行動に出てしまうというのがアフォーダンスの機能なのだ。

哲学を武器にするためのヒント

アフォーダンスは多くの商品などのデザインに活用されている。人間が使うものに関しては、いずれもアフォーダンスの発想をとり入れたほうが有益だからだ。たとえばWEBサイトで、目立つようにリンク先を青字で表記するのもその1つだ。テクノロジーによって製品が複雑化すればするほど、よりアフォーダンスの活用が求められる。

072

メディオロジー

médiologie（仏） mediology（英）

超訳

技術が文化に与える影響を考える学問

レジス・ドゥブレ（1940〜）
フランスの哲学者、作家。メディオロジーの提唱者。チェ・ゲバラのゲリラ闘争への参加でも知られる。著書に『メディオロジー宣言』『革命の中の革命』などがある。

ベルナール・スティグレール（1952〜）
フランスの哲学者。ポンピドゥーセンター芸術監督。デリダに強い影響を受け、哲学と技術の関係について研究。著書に『技術と時間』『現勢化』などがある。

○文化はメディオロジー的転回により伝達される

「**メディオロジー**」とは、技術が伝達行為を通じて文化にどう影響を与えているかを考察する学問である。フランスの思想家**ドゥブレ**の影響で、1990年代以降広がった新しい思想の潮流だ。この学問は、従来のコミュニケーションに対して、**伝達**（**トランスミッション**）という発想に着目し、それがいかに文化をつくり出しているかを探る営みだといえる。つまり、技術革新が人間の伝達行為をどう変え、それが文化をどう変えていくのかを考えようとしているのである。

そのためにドゥブレは、技術と文化の関係を時代ごとに整理している。まず部族社会の時代があり、そこでは**記憶圏**ともいうべき世界が形成されていた。次に大帝国の時代が訪れ、**言語圏**が形成される。その後近代になり、**文字圏**が形成され、**ポストモダン**（100ページ）の今は**映像圏**が形成されているというのである。

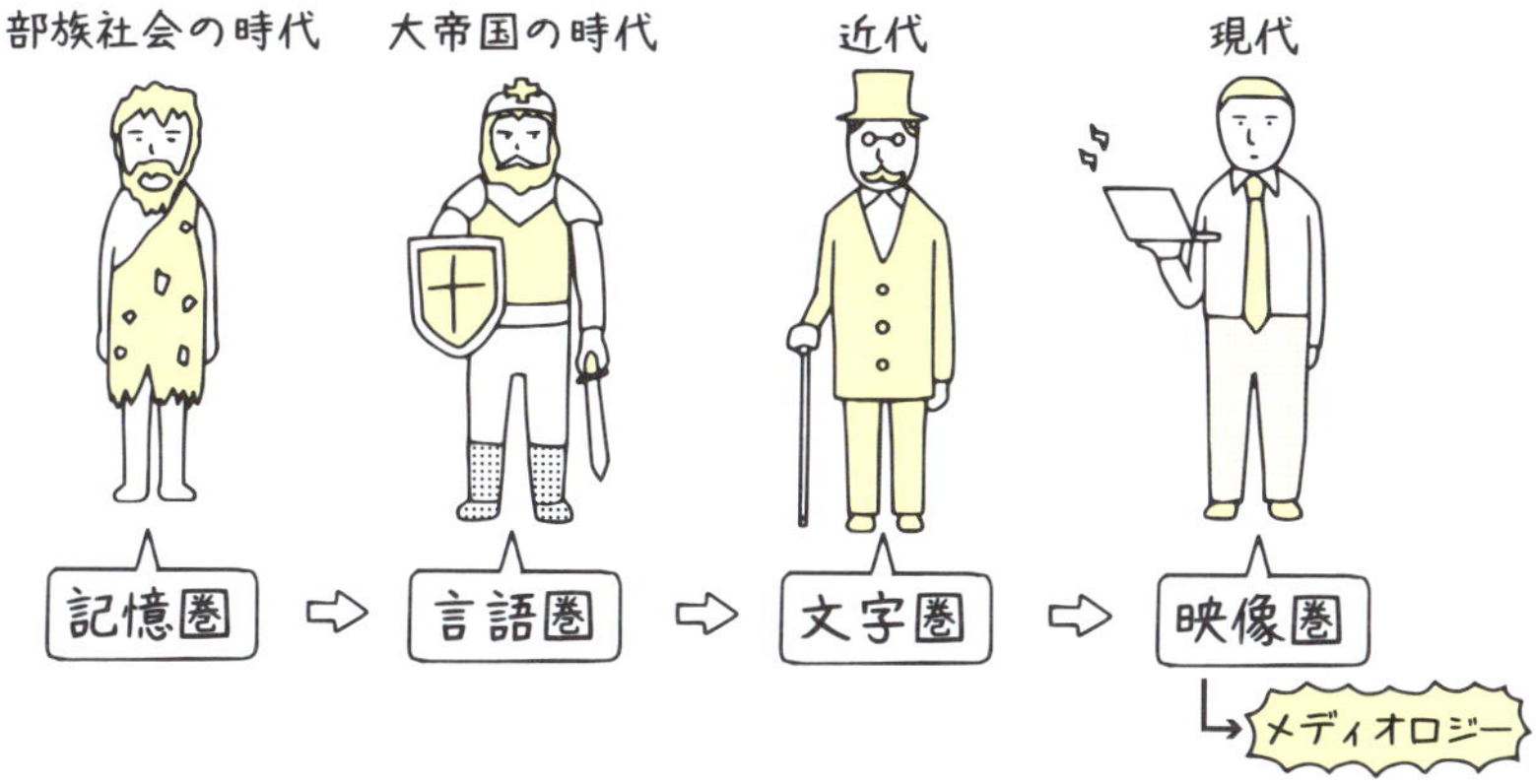

これらの時代の社会には、それぞれ特徴がある。たとえば言語圏では教会や信仰が力をもち、文字圏では知識人や法が力をもつ。そして映像圏ではメディアや世論が力をもつという。このメディアが力をもつ時代の思想がメディオロジーである。ドゥブレによるとメディアの本質は、制度と技術の連結にある。

文化の伝達作用を技術との関連で論じる思想の流れは、**メディオロジー的転回**と呼ばれ、フランスの思想家**スティグレール**などによって発展させられている。スティグレールは、技術によって人間の文化の接続が横断的に起こると論じている。

哲学を武器にするためのヒント

ドゥブレという人物が魅力的なのは、彼の活動家としての側面によるところが大きいといえる。なにしろキューバではカストロと親交を深め、ボリビアではあの革命家チェ・ゲバラの闘争に参加していた過去があるのだから。歴史の変化を描くメディオロジーは、ある意味で革命の思想なのかもしれない。

073

full-surveillance society（英）

超監視社会

超訳

プライバシーのない社会

ブルース・シュナイアー（1963〜）
アメリカの暗号・情報セキュリティの専門家。インターネットセキュリティの会社を創設し、最高技術責任者（CTO）を務めている。著書に『超監視社会』などがある。

ジグムント・バウマン（1925〜2017）
ポーランド出身の社会学者。主にイギリスで教鞭をとる。ポストモダン社会の分析で知られる。著書に『立法者と解釈者』『リキッド・モダニティ』などがある。

安全のためのセキュリティが不安全を招く

「**超監視社会**」とは、テクノロジーの進化によって、まったくプライバシーのなくなった社会をいう。前提となるのが、近代以降の監視のモデルといってもいいパノプティコン型の監視社会である。**パノプティコン**（106ページ）とは、20世紀フランスの哲学者**フーコー**が、近代社会にはびこる権力による監視を暴露するために用いた刑務所の仕組みである。

つまり、中央の監視塔から、周囲に円環状に配置された独房を監視するというもので、監視塔から独房は見えるけれども、独房の側からは何も見えないようになっている非対称性が特徴だ。だから囚人たちは、常に見られているという緊張の中、常時規律を守って生活するようになる。フーコーは、このパノプティコンによる監視の仕組みが、国家や学校、工場など、近代社会の隅々まで及んでいると考えた。

これに加えて、現代社会においては、テクノロジーが新たな監視社会を生み出している。コンピューター・セキュリティの権威**シュナイアー**は、著書『**超監視社会**』の中で政府や企業による大量監視の実態を指摘している。日常私たちは、インターネットを使用するたびに、政府や企業に情報を提供しているのである。知らず知らずのうちに。

この大量監視社会が生み出す不安の本質について議論しているのが、ポーランド出身の社会学者**バウマン**である。私たちは安全を求めるがゆえに監視を強化するが、そのせいで不安ともいうべき不安を抱えてしまっている。バウマンはこの状態を「**セキュリティ中毒**」と揶揄《やゆ》する。私たちはセキュリティを求めすぎることで、自由を失っていることに気づかなくなってしまっているのである。

そんな大量監視社会に対抗するためには、情報を外に漏らさぬよう積極的に行動しなければならない。前述のシュナイアーは、カードを使わないとか、暗号化を行うなどといった、監視から自衛するための具体的方法を指南している。

哲学を武器にするためのヒント

超監視社会はすでに到来しているといっていいだろう。私たちの身の回りには、監視カメラやドライブレコーダーがあふれている。そしてインターネット上の情報のやり取りは常に誰かに知られる状況にある。それでも人は便利さを求め、今日もデータを提供し続ける。超監視社会は私たちが自ら招来しているのかもしれない。

074

フィルターバブル

filter bubble（英）

超訳

自分好みの情報のみに包囲されてしまう状況

イーライ・パリサー（1980〜）

アメリカの活動家。アメリカ最大のリベラル団体の1つ「MoveOn.org」の理事会長。グローバル・オンライン・コミュニティ「Avaaz.org」の共同創設者。著書に『閉じこもるインターネット』などがある。

フィルターバブルが情報とのセレンディピティを奪う

「**フィルターバブル**」とは、インターネットを使えば使うほど、その人の情報はサイトに把握され、その人の求めるであろう情報が表示されるようになってくることをいう。

『閉じこもるインターネット』の著者**パリサー**によると、フィルターをインターネットにしかけ、人が好んでいるらしいものを観察し、それをもとに推測するということが行われているという。

たとえば、自分が一度検索した商品の広告が出てくるのはまだわかりやすいが、検索した情報そのものが、すでにそうした過去のデータによってフィルターをかけられたものであった場合には、もはや気づくことさえないだろう。同じ検索エンジンを使って、同じ言葉を検索しても、じつは自分と他者とでは出てくる情報が異なっているのだ。

パリサーはこれによって、「①ひとりずつ孤立しているという問題」、「②フィルターバブルは見えないという問題」、「③フィルターバブルは、そこにいることを我々が選んだわけではないという問題」が生じると指摘する。

こうした問題への対処法として、パリサーは、個人、企業、政府のそれぞれができることを提案している。たとえば、個人は自ら意識して行動パターンを変えるべきだという。そして企業は、フィルタリングシステムを普通の人にも見えるようにすべきだという。さらに政府は、企業が自主的にはできない部分をきちんと監視すべきだという。

フィルターバブルに関しては、大企業や一部の人間が個人を操るような状況をつくり出すことができる点に最大の問題がある。なぜなら、それによって個人の自由な発想が潜在的に削がれてしまうからである。

パリサーも**セレンディピティ**という言葉を好んで使っているのだが、インターネットのダイナミズムは、偶然の出逢いを意味するセレンディピティに負うところが大きい。フィルターバブルはそれを奪ってしまうのである。その点で、パリサーの挙げる対応策は、いずれも必要なものだといっていいだろう。

哲学を武器にするためのヒント

フィルターバブルは気づかないうちに起こっている。グーグルやアマゾンを使うたび、私たちに与えられる情報は、よりお気に入りのものになっていく。その心地よさがまたフィルターバブルを加速させる。その危うさから逃れるためには、もはやインターネット以外のところで情報を得る行動を生活の中にとり入れるよりほかないだろう。

075

加速主義

acceleratonism（英）

超訳

資本主義を徹底することで
その問題を克服しようとする考え方

ニック・スルニチェク（1982〜）
カナダ出身の哲学者。専門は左派政治理論。アレックス・ウィリアムズと共に2013年にネット上で発表した『加速派政治宣言』で知られる。

ニック・ランド（1962〜）
イギリス出身の哲学者。加速主義の父と呼ばれる。最近は、平等主義に反対する新反動主義運動の理論的支柱となっている。

○資本主義で資本主義の行き詰まりを解決する

「**加速主義**」とは、テクノロジーを使って資本主義のプロセスを加速し、その外に出ることを呼びかける立場である。ここ10年ほどの間に急速に台頭してきた思想で、その背景には従来の資本主義批判への行き詰まりがあるとされる。

つまり、従来の資本主義に対する批判は、イタリアの政治哲学者**ネグリ**らが提起した**〈帝国〉**に対抗する**マルチチュード**（108ページ）という共産主義のグローバル版のような構図が主流であった。ところが、そうした構図では一向に資本主義の拡大を止めることができないことに対する反動が生じてきたわけである。

それが一見逆説的な「資本主義の加速」という立場である。とはいえ、加速主義にも資本主義そのものに対する態度を軸に「左派」と「右派」の立場がある。それぞれ「**左派加速主義**」「**右派加速主義**」とも呼ばれている。

左派加速主義の代表的論者であり、従来の左派の立場に親和的な資本主義の解体をもくろむ論者として、アメリカの思想家**スルニチェク**らの名を挙げることができる。

彼らは、従来の左派がとってきた「素朴政治学」とも呼ぶべき戦術を批判する。つまり、デモやプラカードの掲示といった戦術である。そのうえで、**左翼的合理主義**の復権を掲げ、未来を積極的に構築していくことを目指している。たとえば、AIなどのテクノロジーによって、労働時間そのものを削減しようというように。

これに対して、右派加速主義の典型はイギリスの哲学者**ランド**のように、資本主義のプロセスそれ自体に内側から発するエネルギーを見出そうとする立場である。いわば資本主義のプロセスの中にこそ、問題を解決しうるヒントが隠されていると考える。

とはいえ加速主義は、現在進行形の新しい思想であるだけに、またプロセスの加速を重視する立場であるだけに、左派や右派を超えて第三の立場が生じたり、1つの立場が分裂してさらに新たな立場を生み出すなど、日々変化が生じているのが現状だ。

哲学を武器にするためのヒント

加速主義は今、世界のビジネスや政治にさまざまな影響を与えている。共産主義というプログラムがほとんど機能しなくなった中、中国は世界中にビジネスを拡大し、加速主義を推し進めているともいえる。左派の論者スルニチェクが提唱する単純労働の「全オートメーション化」なども加速主義の思想による提案である。

076

ゼノフェミニズム

xenofeminism（英）

超訳

テクノロジーによってジェンダーの解放を唱える立場

ヘレン・ヘスター

イギリスのフェミニズムの思想家。ウエストロンドン大学にてメディアとコミュニケーションを教えている。ゼノフェミニズムの理論家集団ラボリア・クーボニクスの一員。未邦訳だが著書に『ゼノフェミニズム』『露骨さを超えて』などがある。

○加速主義的思想でLGBTを解放しようとする

「**ゼノフェミニズム**」とは、テクノロジーを通じたジェンダーの解放を唱える立場である。**ラボリア・クーボニクス**という理論家のグループが提起した概念。彼らは既存のテクノロジーを戦略的に用いることで、世界の再構築を試みようとしている。

フェミニズムと銘打っているように、ジェンダーの解放を中心に据えつつも、人種問題や障がい者の問題、政治や経済に至るまで、分野横断的な提案を行っている。とりわけラボリア・クーボニクスのメンバーの1人、**ヘスター**が著した書『**ゼノフェミニズム**』によると、技術的マテリアリズム、反自然主義、ジェンダーの廃絶が軸になっている。本来テクノロジーとは、人間を疎外する危険性をもった存在である。したがって、その過度の追求は人間の解放にはつながらないかのように思われる。ところがヘスターは、既存の医療技術などのテクノロジーを活用し、その利用目的を変えることによって、新たな解放が可能になるという。ヘスターの挙げる例でいうと、本来は月経をコントロールするための装置であったデルエム（Del-Em）が、事実上、望まない妊娠を避ける目的として使われ出したように。

このように、テクノロジーを肯定的に用いて事態を乗り越えようとする発想は、**加速主義**（164ページ）とも親和的であるといえる。とくにゼノフェミニズムの場合、共産主義や反政府運動などの旧来の左派政治を排除しようとする傾向があり、その点でも**左派加速主義**の影響を大きく受けているといえる。

しかし、まさにその部分にこそゼノフェミニズムの脆弱《ぜいじゃく》さが潜んでいるともいえる。なぜなら、旧来の左派政治を排除しようとする態度が、ゼノフェミニズムを排他的な思想にしかねないからである。

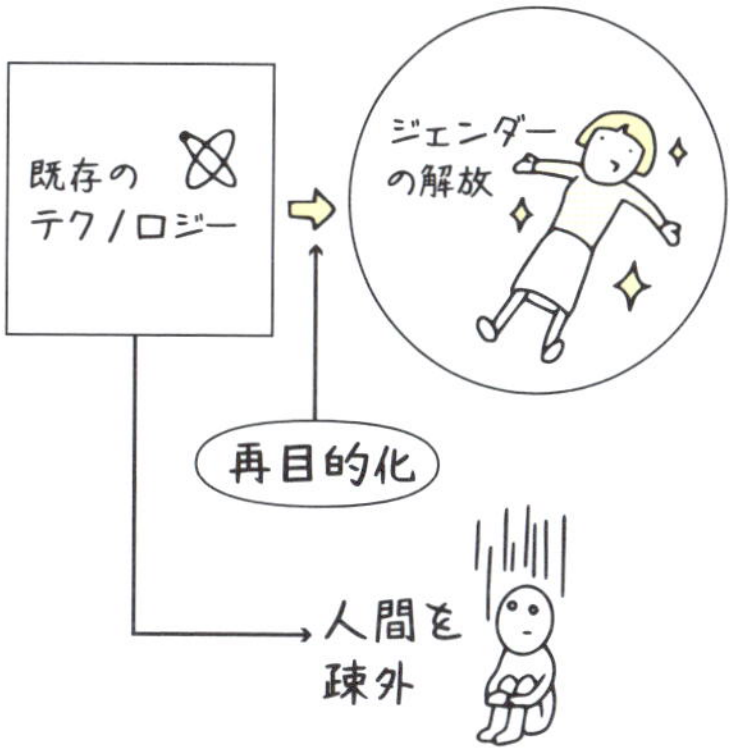

哲学を武器にするためのヒント

ゼノフェミニズムの議論が盛り上がっているのは、基本的にインターネットだといえる。それは実際にゼノフェミニズムがラボリア・クーボニクスという集団によって、インターネット上で紹介され、議論されてきたものである点に加え、インターネットを含むテクノロジーにソリューションを求めるものだからだ。

077

反出生主義

anti-natalism（英）

超訳

人間は生まれてこないほうがいいとする立場

アルトゥル・ショーペンハウアー（1788〜1860）

ドイツの哲学者。知性よりも意志が重要であると説く。著書に『意志と表象としての世界』『視覚と色彩について』などがある。

デイヴィッド・ベネター（1966〜）

南アフリカの哲学者。反出生主義の理論家。著書に『生まれてこないほうが良かった』などがある。

◯人間が存在してしまうことの害悪とは？

「**反出生主義**」とは、人間は生まれてこないほうがいいと考える立場である。そうした考え自体は、誰もがもちうるものであり、現にこれまでも思想家たちはそうした発言を繰り返してきた。たとえば、有名なのは近代ドイツの哲学者**ショーペンハウアー**の**ペシミズム**だ。彼は生への意志が苦悩をもたらすとして、そこから脱却を図るには、生への意志そのものを否定するよりほかないと論じたのである。

これに対して、現代思想としての反出生主義は、南アフリカの哲学者**ベネター**の著書『生まれてこないほうが良かった』によって広がった概念だといっていいだろう。ベネターは、道徳的義務として反出生主義を基礎づけようと試みている。

ベネターは「快楽と苦痛の非対称性」を指摘し、人間が生まれてくると必ず苦痛を経験するなら、人間は必然的に生まれてこないほうがいいということになると論証した。いわば原理的にそういえるということである。

それだけではない、ベネターはまた実際のデータを見ても、その結論がいかに正しいかを論じている。たとえば、毎日約2万人が餓死し、毎年事故によって350万人が死に、2000年には81万5000人が自殺しているというデータを引き合いに出す。

そして、だからこそ、私たちは道徳的義務として、避妊や人工妊娠中絶をすべきで、さらには段階的に人類を絶滅させていかねばならないとまで主張する。そのように聞くとなんとも恐ろしい思想に思われるかもしれないが、今生きている人間を絶滅させるというのではない点に注意が必要だ。

こうした思想には一定の説得力があることから、イギリスでは「反出生主義の党」という政党まで結成されている。反出生主義は、死すべき運命にある人間が抱える普遍的な苦悩に基づいているだけに、今後それが世界的に広がりを見せることも予測される。

哲学を武器にするためのヒント

反出生主義の例として、自分を生んだ両親を告訴したインド人男性が話題になった。苦しみばかりの世の中で、子どもを産むことは倫理的に問題があるというのだ。こうした思想が広がる背景には、やはり若者を苦しめる社会問題があるように思えてならない。むしろそうした社会問題を解決することが先決ではないだろうか。

078

アート・パワー

art power（英）

超訳
無限の批評的力

ボリス・エフィモヴィチ・グロイス（1947〜）
旧東ドイツ出身の美術評論家、メディア理論家、哲学者。著書に『アート・パワー』『全体芸術様式スターリン』などがある。

○アートはメディアよりも政治よりも強し

「**アート・パワー**」とは、芸術のもつ無限の批評的な力を指す。ドイツの哲学者**グロイス**による概念である。グロイスはアートのもつパワーと**公共性**の関係について論じている。グロイスによると、芸術の力は批評的なものであって、それは政治的な有限の力に対して無限のものであるという。

つまり、パワーの典型である政治の力は、じつは有限であるのに対して、一見無力に見えるアートの力のほうが無限なのだ。そしてその場合のアートの力とは、批評的なものだという。たしかに政治がいくら力を振りかざしても、そこにはおのずと限界がある。

いかなる暴君も、世界征服を成し遂げたり、永続的にその力を行使し続けることはできなかった。それに対して、そうした暴君を批評するアートの力は、無限に広がり、また永遠に影響を及ぼすことが可能なのだ。

ナチスを批判したピカソの大作ゲルニカが、21世紀の今もなお人々の心をとらえてやまないのはその証左である。

グロイスは、そんな政治を批評するアートの力を、メディアのそれと比較する。たとえばメディアも戦争批判を試みるが、どうしても現状を肯定しがちである。それは、メディアが今現在起こっていることについてのイメージしか見せることができないからである。現在しか扱えないとなると、目の前の危機に際して、時にそれを避けるための戦争という手段を肯定せざるをえなくなる。

これに対してアートは、私たち自身が生きているこの時代を、歴史的な背景と比較するかたちで評価することができるという。いわば過去と比較することで、今起こっていることを、歴史という長い時間の中で冷静に評価することができるわけである。先ほどのゲルニカを見て、現代の戦争の過ちに気づくことができるように。この点でもアートの力には限界がないといえる。

哲学を武器にするためのヒント

アート・パワーの例として、暴力、性差別、移民など社会が抱える問題に深くかかわるアートの一形態「ソーシャリー・エンゲイジド・アート(SEA)」を挙げることができる。もともとは米国で始まった若者の反体制運動の影響が、アートの世界にも及んだところにルーツがあるという。日本でも東日本大震災をきっかけに広がりを見せている。

079

ontological turn in anthropology（英）

人類学の存在論的転回

超訳

人類学における
認識から存在への着眼点の大転換

エドゥアルド・ヴィヴェイロス・デ・カストロ（1951〜）
ブラジルの人類学者。専門はブラジル人類学とアメリカニスト民俗学。著書に『インディオの気まぐれな魂』『食人の形而上学』などがある。

○人、モノ、自然……あらゆるものの数だけ現実がある

「**人類学の存在論的転回**」とは、まさに2000年代以降に生じた、人類学における理論的、方法論的な大転換をいう。とりわけ**存在論**とつくように、その転換が哲学の主題である存在論にかかわるものであることから、哲学にも大きく関係しているといえる。

つまり、従来の人類学は、人々がいかに世界を認識しているかという**認識論**的視点から問題をとらえようとしてきた。そしてその際、「自然」と「文化」という近代に特有の**二分法**を前提にしてきたのである。これに対して、ブラジルの人類学者**ヴィヴェイロス・デ・カストロ**たちは、調査主体にとっての認識ではなく、むしろ調査対象者にとっての存在論、いわば世界に何が存在するかという想定に着目するわけである。

もし、自然に対して、人々は単にさまざまな見方をしているにすぎないとすると、人類学がそこに見出す

ものは、あくまでものの見方に矮小化《わいしょう》されてしまう。そこを乗り越えようとするのが存在論的転回の目的である。背景には、**人新世**（112ページ）とも呼ばれる新しい地球環境の到来が挙げられる。このグローバルな環境危機の真っただ中にあって、人類学においても、人間とそれ以外の存在との関係性を論じることができる新たな視点が求められているのである。

そこでヴィヴェイロス・デ・カストロが提起するのは、**パースペクティヴィズム**という発想である。つまり、あらゆる**主体**（18ページ）がそれぞれの立場で同じ現実を見ているのではなく、逆に見ている現実、存在そのものが、見る主体の数だけあるととらえるのだ。

さらにヴィヴェイロス・デ・カストロは、人類学者とその研究の対象になる人々の観点の差異もまた、存在論的なものとしてとらえなおす必要性を訴える。つまり、人類学者と研究対象の人々は、同じことをいっているように見えて、じつはまったく違うものについて語っているというのである。これは「**取違え＝多義性**」と呼ばれる。

そうすると、もはや人類学者は、自らがもつ文化と研究対象者の文化を比較することさえ不可能になってしまいそうである。しかし、そうではないという。逆にこのほうが、同じ言葉によって覆い隠されていた差異を見つけ出す可能性に開かれるというのである。

哲学を武器にするためのヒント

ヴィヴェイロス・デ・カストロの主著は、『食人の形而上学』だとされている。アマゾンにおける食人は、パースペクティヴィズムの典型である。なぜなら、食人によって敵である他者の視点を身体にとり入れることで、自己は自己をも敵とみなすことが可能になるからだ。視点の多様性を確保する際に参考になる発想だといえる。

080

space ethics（英）

宇宙倫理

超訳
宇宙と人間のかかわりを考えるための倫理

デヴィッド・リビングストン
アメリカのビジネスコンサルタント。宇宙倫理について提唱している。また The Spaces Show というラジオ番組のホストを務めている。

宇宙空間の所有権問題、宇宙植民問題……を考える

「**宇宙倫理**」とは、宇宙と人間とのかかわりの中で生じる諸問題を倫理的側面から考察するものである。**応用倫理学**の1つとして、2010年代以降急速に関心が広がっている。その背景には、宇宙開発の急速な進展があるといっていい。

たとえば、月軌道上での宇宙ステーション建造、有人月面探査、深宇宙探査、またこれらに加えて、宇宙安全保障の議論も宇宙への関心を高めるきっかけになっている。さらには、ニュースペースと呼ばれる宇宙ビジネスの進展も大きな話題を呼び、ますます倫理の必要性が叫ばれている。こうした宇宙の開発は、すでにスペースデブリ（宇宙ゴミ）の処置に関する責任の問題や、宇宙空間の軍事利用の是非をめぐる問題、所有権や宇宙植民の問題、さらには、宇宙ビジネスにおける企業の責任の問題を生み出している。

とりわけ、宇宙空間に行けるのは国家や大企業など一部の人たちに限られることから、その利益が平等に享受されないという点が今後ますます問題になってくるだろう。本来、宇宙条約では全人類の共同の利益を謳《うた》っているため、こうした問題は早急に倫理的に解決しなければならない。

その点で、早くから具体的な宇宙倫理規約のようなものを提案しているのが、アメリカのビジネスコンサルタント、**リビングストン**である。彼は、宇宙におけるビジネスにも倫理が必要だとして、誠実さや公正さを求めると同時に、将来世代に考慮することを強調している。さらに注目されるのは、宇宙倫理が地球そのものにも利すると考えている点である。宇宙開発は地球に住む人間のためにこそあるからだ。その意味で、宇宙倫理のもう1つの目的は、じつは地球のかけがえなさを見つめ直し、**環境倫理学**などについて再考するきっかけを与えてくれる点にあるといってよい。

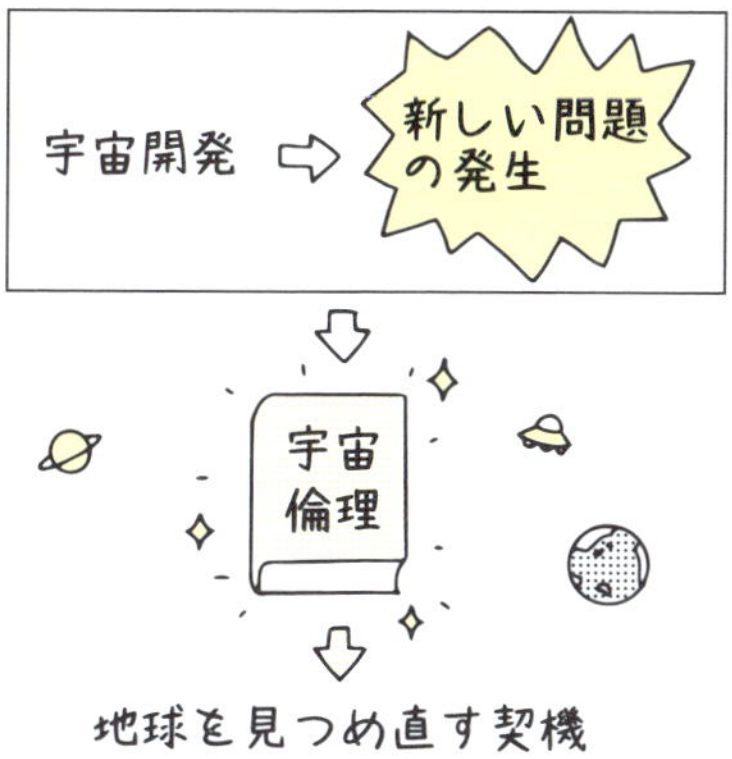

哲学を武器にするためのヒント

宇宙ビジネスはまさに日進月歩である。具体的には、放送・通信衛星やリモート・センシングのように衛星を利用したビジネス、そしてロケットを打ち上げるビジネスなどが挙げられる。変わったところでは、宇宙葬を提供するベンチャーもある。このように宇宙という無限の空間は、まさに無限のチャンスに開かれているのである。

(COLUMN)

悩み相談

日本では、これまで哲学は「使えない」知識や学問の代名詞のように扱われてきた。しかし、そこに風穴を開けたのは、自己啓発書としての哲学であった。2010年ころから哲学の言葉を人生の悩みに生かしたり、哲学者が悩み相談を受けるという体裁の本が出始めたのだ。

ニーチェの言葉をわかりやすく表現した『超訳　ニーチェの言葉』がベストセラーとなり、拙著『人生が変わる哲学の教室』が版を重ねたのもこのころだ。今から思うと、失われた20年ともいわれる時代の行き詰まりが、ついに哲学に助けを求めた結果だったのではないだろうか。

目指すべきモデルや目標を失った日本では、社会も個人もみな、自分の頭で事態を打開することを求められている。もう誰に頼っても、答えが出ないのはよくわかっているのだ。最後は自分で考えるしかない。

その点、哲学はまさに自分の力で考える学問なので、この要求に応えることができる。もちろん、自分で考えるといっても、さすがにゼロからというわけにはいかない。やはり歴史上の哲学者たちの言葉を参考にして考えていくことになる。

こうして今に至る哲学ブームが幕をきった。ブームは徐々に拡大していき、ついにはテレビで哲学の番組をレギュラーで放映するまでになった。テレビでやるというのは、それだけのニーズがある証拠だ。こうして2018年からは、私が指南役を務めるＥテレ「世界の哲学者に人生相談」がスタートした。それはマイナーな哲学が、大衆化することに成功した瞬間ともいえるかもしれない。

PART
4

人を動かすためのツール20

ENCYCLOPEDIA OF PHILOSOPHY TERMS

組織・人間関係

081

dialektike（ギ）dialectic（英）

問答法

超訳

質問することで本質に近づく方法

ソクラテス（前469年頃～前399年）

古代ギリシアの哲学者。哲学の父と称される。無知の知に基づき、問答法を実践した。著書はないが、その思想は弟子のプラトンやクセノポン、アリストテレスなどの著作を通じ知られる。

○開かれた対話が善き生を導く

「**問答法**」とは、**ソクラテス**が生み出した哲学の方法論のことをいう。**産婆術**とも呼ばれる。ソクラテスは、若者をつかまえては質問していった。質問を繰り返すことで、本質に近づけると考えたからである。

大事なのは、すぐに答えを教えるのではなく、相手自身に考えさせる点である。すぐに答えを教えてしまっては、相手は何も考えることはできない。だからソクラテスの問答法は、相手が自分で答えを生み出す手伝いをするという意味で、お産を助けるのになぞらえて産婆術と呼ばれたわけである。

具体的には、次のような手順で問答が展開する。まず相手がPだというと、ソクラテスはPを覆すための前提となるQをもち出して、相手にそれを認めさせる。そうすると、相手はQを認めざるをえないので、その結果Pが間違っていることを認めることになる。そうして対話が繰り返され、相手は自ら真理へと到達して行くというわけだ。

ただし、自分の主張もまたこのプロセスにさらされながら質問を考えるため、意見の押し付けにはならない。どこまでも開かれた対話が繰り広げられるのである。ソクラテスがこのように質問を繰り返したのは、真理に近づくためであった。そしてソクラテスは、自分の死の意味についても、問答法によって明らかにしようとした。ソクラテスが投獄されたとき、友人のクリトンは死刑から逃れることをすすめたが、そのクリトンに対し、なんと死刑から逃げることの正しさを問答法で吟味しようともちかけたのである。

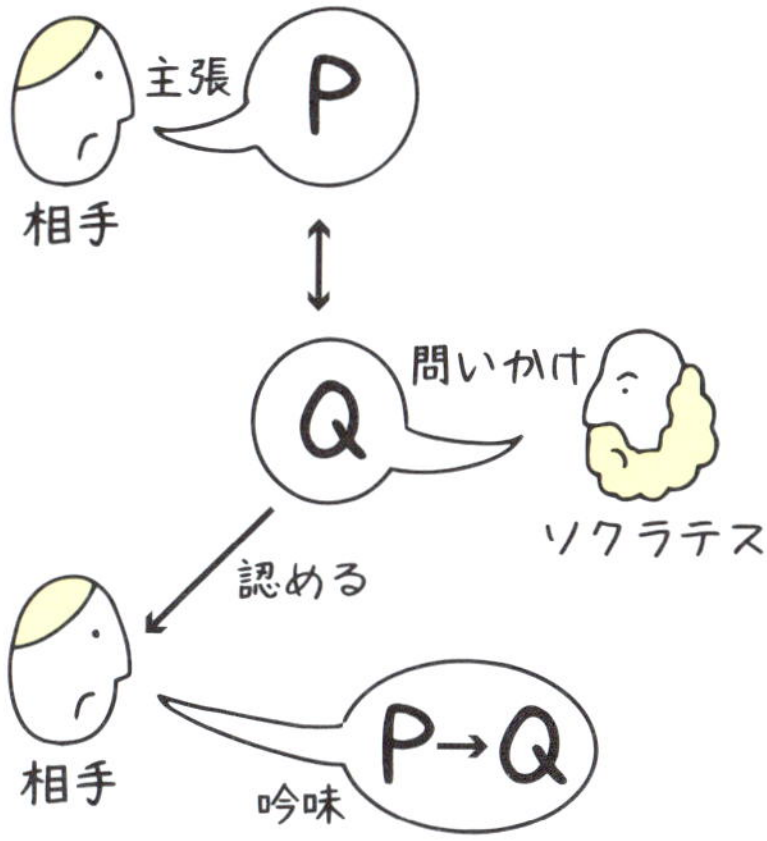

その結果2人が確認するに至ったのは、ただ生きるということではなく、善く生きることの大切さであった。そうしてソクラテスは、この場合死を受け入れることが善く生きることであると結論づけたのである。

哲学を武器にするためのヒント

問答法はビジネスにも十分応用できる。たとえば、議論の際に、頭ごなしに反論しても、相手は構えるだけだ。誰しも自分の考えをそう柔軟に変えることができるものではない。そこで問答法のように自明の事柄を自ら受け入れさせることで、納得して考えを変えてもらえばいいのだ。説得より納得である。

082

ethos（ギ）Ethos（独）

エートス

超訳

習慣によって培われた精神

時間をかけてじっくり形成される慣習、人柄

「**エートス**」とは、もともとは習俗、習慣を表すギリシア語。習俗や習慣というのは、自分の属する社会で育まれるものである。

古代ギリシアの哲学者**アリストテレス**によると、人間の**徳**には知性によって育まれるものと、習慣によって育まれるものがあるという。知性による徳は学習によって鍛えることができるが、習慣による徳はそういうわけにはいかない。それは日々の生活の中で、実践を通して自然に磨かれていくものなのだという。

生活の中で育まれていくルールとしての「倫理」が、エートスに由来する語エーティカを訳したものになっているのはそのためである。

エートスに対比される概念として**パトス**がある。パトスは「感情」を意味する一時的なものであるため、

アリストテレス（前384〜前322）
古代ギリシアの哲学者。「万学の祖」と称される。その思想は師のプラトンとは異なり現実主義的。著書に『政治学』『ニコマコス倫理学』などがある。

マックス・ヴェーバー（1864〜1920）
ドイツの社会学者。社会学の黎明期にあって、さまざまな方法論を確立した。著書に『プロテスタンティズムの倫理と資本主義の精神』『職業としての学問』などがある。

エートスとは対照的な言葉といえる。そのため、パトスは基本的に克服の対象とされてきた。

それはもともとこの語が「蒙《こうむ》る」という否定的なニュアンスをもった語に由来することからもわかる。蒙るというのは、自分が望んでもいないのに、何らかの状態に置かれてしまうことをいうのだから。感情とはまさに自分が望んだわけではないのに、何らかの気持ちにとらわれてしまうことなのである。もちろんそれが物事を推し進める原動力になることもあるわけだが。

ところで、エートスについては、ドイツの社会学者**ヴェーバー**による概念もよく知られている。ヴェーバーは、西洋社会で資本主義が形成されるうえで、**プロテスタント**の倫理が大きな役割を果たしたと分析している。つまり、プロテスタントが社会の中で禁欲的に働き、富を蓄積したことが背景にあるというのだ。こうしたプロテスタントの態度をエートスと呼ぶのである。

いずれにしてもエートスは、ある社会の中で繰り返される習慣によって培われる精神であることには違いない。

哲学を武器にするためのヒント

エートスは共同体ごとに育まれるものである。その意味では、企業ごとにエートスがあるということができる。いわゆる企業文化がそれである。風土といってもいいだろう。あるいは、日本社会にもエートスを見出すことは可能だ。おもてなし文化はまさに日本社会のエートスなのではないだろうか。

083

philia（英）

フィリア

超訳

友愛

アリストテレス（前384～前322）

古代ギリシアの哲学者。「万学の祖」と称される。共同体の倫理を重視した。その思想は師のプラトンとは異なり現実主義的。著書に『政治学』『ニコマコス倫理学』などがある。

○他人を自分のことのように思う

「**フィリア**」とは**友愛**を意味する言葉である。古代ギリシアの哲学者**アリストテレス**は、都市国家**ポリス**の存在を重視していた。当時の人々は、このポリスという共同体で互いに助け合いながら生活していたからである。その助け合いの倫理こそがフィリアである。

つまりフィリアは、同胞愛、仲間への愛、あるいは友情といってもいいだろう。それは他人を自分と同じように思うということである。ただ、他人のことを思う点で、やはり愛の一種ではある。

たとえば同じことをしていて、自分がつらいと感じれば、他の人も同じようにつらいはずだと思う。それが自分と同じように他人のことを思うということである。損得勘定を抜きにして相手のことを考えなければならないのだ。

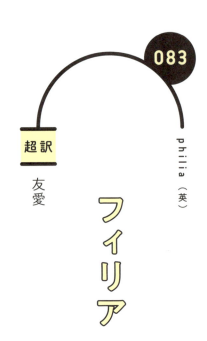

そうはいっても、ついつい自分を優先してしまったり、損得勘定を考えてしまうことがあるのが人間だ。人間は意志の弱い生き物なのである。アリストテレスも**アクラシア（意志の弱さ）**について論じている。どうするのが善なのかわかっていても、行為に移すのは難しいというのである。仲間を愛しているといいながら、所詮は自分のメリットのことばかり考えて付き合っているという人はよくいる。

この点に関してアリストテレスは、フィリアをさらに「**有用ゆえの愛**」「**快楽ゆえの愛**」「**善ゆえの愛**」の3つに分類して分析している。有用ゆえの愛とは、相手が有用だから付き合うというもの。「賢い友達と付き合っていると、得をする」などというふうに。快楽ゆえの愛もこれに類似しており、相手と付き合っていると快適だから愛するというものだ。したがって、これらの愛は非本来的な性質をもつにすぎないとされる。だから、有用でなくなったり快楽が得られなくなると、いとも簡単に解消されてしまう愛である。

これに対して、善ゆえの愛とは、相手にとっての善を相手のために願う人々の愛をいう。この愛は、無条件な意味での善であり、自分が善き人である限り永続する。他者から信頼を得るために求められるのは、まさにこの愛だといっていいだろう。

哲学を武器にするためのヒント

フィリアはもともと共同体における倫理として唱えられたものなので、その意味では共同体における人間関係の基本であるともいえる。つまり、同じ場所で何かをするということは、常に助け合いの可能性があるということだ。日本にはお互い様という言葉があるが、それに近いのかもしれない。

084

betweenness（英）

間柄

超訳

人との関係における個人

和辻哲郎（1889～1960）

日本の哲学者、倫理学者。間柄という概念を用いて、独自の倫理学を完成した。風土の視点で文化を論じた風土論でも有名。著書に『倫理学』『風土』などがある。

◯日本の倫理学の中心にあるものとは？

「**間柄**」とは、人と人との関係において個人をとらえること。日本の哲学者、**和辻哲郎**による概念である。和辻は**和辻倫理学**とも呼ばれる新しい学問を樹立した日本の倫理学の父といっていいだろう。和辻によると、倫理とは決して個人の意識ではない。そのような発想は、近世の個人主義的人間観に基づく誤謬《ごびゅう》だとさえいう。

そうではなくて、倫理とは人間の共同存在をそれとしてあらしめるところの秩序、道にほかならないというわけである。なぜなら、倫理の「倫」の字は人間存在における「きまり」、つまり秩序を意味しており、「理」の字は「ことわり」、つまり道を意味しているからである。

和辻は、こうした理解のもと、間柄の概念を倫理の中心に据える。いわば間柄とは、「個人にして社会であること」だという。社会の中でとらえた個人ということだ。

　和辻は、個々の人間がいるから間柄が成立すると同時に、間柄があるからこそ個々の人間が成立しうるという二重の関係があると考える。事実、人は他者との関係性の中で生きている。だからこそ和辻は、間柄に注目したのだ。

　実際、日本人は他者との助け合いを重視する。これは間柄が個人に先立つことによって、お互いに助け合うのが当然だと考えるからだろう。

　ただし、やみくもに誰とでも助け合うというわけではない。そこにはやはり信頼が必要なのだ。同じ共同体の仲間として信頼し合えるから助け合うといっていいだろう。

　和辻は、その信頼の根拠として時間の概念をもち出す。つまり、過去の信頼があるからこそ、未来においても信頼できるということである。したがって、人から信頼を得るためには実績が必要なのだ。それは共同体の中で長い時間をかけて、共通の体験を経ることによってようやく育まれるものなのである。

哲学を武器にするためのヒント

日本の企業はどうしても日本の文化によって影響を受けるので、和辻の指摘する間柄が倫理の基礎になっているといっても過言ではないだろう。実際、人間関係をもっとも重視したり、個人よりも組織を優先する態度が多くみられる。その善し悪しはおくとして、少なくとも欧米の企業とは風土が異なるのはたしかである。

085

コミュニケイション的行為

kommunikativen Handelns（独）
communicative action（英）

超訳

理想的な開かれた対話行為

ユルゲン・ハーバーマス（1929〜）

ドイツの哲学者。討議の重要性を訴え、現代公共哲学の礎を築いた。著書に『コミュニケイション的行為の理論』『公共性の構造転換』などがある。

○道具的理性とコミュニケイション的理性

「**コミュニケイション的行為**」とは、理想的な開かれた対話行為のことをいう。ドイツの哲学者**ハーバーマス**による概念。ハーバーマスは、近代以前の理性を批判し、新たな理性のあり方を提案した。

ハーバーマスによると、理性を使って相手を説得するのが大事なのではなくて、あくまでも開かれた態度で相手の話を聞き、共に何かをつくり上げていこうとする態度こそが求められるという。

相手を説得しようという理性は、人を目的達成の手段にしてしまうような**道具的理性**にほかならない。それに対してハーバーマスは、相手を尊重し、共に合意を目指そうとする理性を**コミュニケイション的理性**と呼んで区別する。

そもそも議論する際、相手の立場を尊重しなければコミュニケイションは成り立たない。そうしたコミュニケイション的理性に基づく対話は、目的を達するために命令や欺瞞《ぎまん》などによって、力ずくで相手の意思決定に影響を及ぼそうとする戦略的な行為とは異なる。あくまでも相手に納得してもらったうえで、承認を求めようとする行為だ。

そのためにハーバーマスは、3つの原則が必要だという。つまり、①参加者が同一の自然言語を話すこと、②参加者は事実として真であると信じることだけを叙述し、擁護すること、③すべての当事者が対等な立場で参加すること、である。

ハーバーマスのコミュニケイション的行為の特徴は、相互に理解し合いたいという思いを抱く市民らが、対等な立場のもとに討議を行い、その過程において自らの判断や見解を変容させていくものとしてとらえている点である。いい換えると、議論することによってお互いに考えが変わる可能性があるということだ。この点にこそ対話をする意義があるといえる。

ハーバーマスの掲げるそうした議論の作法は**熟議**(192ページ)と呼ばれ、彼もまた熟議をベースにした民主主義「**熟議デモクラシー**」の確立を提唱している。これはハーバーマス自身が、多くの思想家たちと長年論争し、実践してきたものでもある。社会が分断し、大きく価値が対立する時代だからこそ、合意のための民主主義が切に求められているのだ。

哲学を武器にするためのヒント

そもそもコミュニケイション的行為とは、意思疎通を開かれたものにするための態度である。しかしメールやSNSといったコミュニケイションツールは、顔や声といった情報がないため開かれた意思疎通を困難にしている場合も多い。そこでメール、SNS、電話、対面などを使い分けることが現代的コミュニケイション的行為といえるかもしれない。

086

Sprachspiel（独）language-game（英）

言語ゲーム

超訳

文脈を読む会話

ルートヴィヒ・ウィトゲンシュタイン（1889～1951）

オーストリア出身の哲学者。「言語ゲーム」概念をはじめ、言語哲学の発展に貢献。著書に『論理哲学論考』『哲学探究』がある。

○言葉の意味は文脈で決まる

「**言語ゲーム**」とは、言葉の意味は文脈の中で決まるという考え方をいう。オーストリア出身の哲学者**ウィトゲンシュタイン**による概念。ウィトゲンシュタインの思想は前期と後期に分けられる。前期においては、言葉の意味を分析すればその本質がわかると説いていた。そしていったん哲学から距離を置いていたが、むしろ言葉の意味は文脈の中でこそ決まってくることに気づいたウィトゲンシュタインは、再度哲学研究にとり組む。そこで後期の思想を完成させる。それが言語ゲームである。

つまり、私たちは日常生活において、いわば言語を交わし、意味を解釈するゲームを行っているのである。そのゲームでは、場所や状況によってルールが決まってくる。言語活動というのは、生活の各場面によって決定されてくるものなのだ。

ウィトゲンシュタインは、「赤いリンゴ5つ」と書いたメモを渡して、人に買い物を指示する例を挙げる。このとき私たちは、このメモを見た店の主人が「リンゴ」と書いた箱を開け、赤という色見本に合致する色の物体を探し、5という数字を数えていくシーンを前提としている。「赤いリンゴ5つ」というメモによって、実際に私たちが赤いリンゴ5つを手にするためには、この前提が不可欠だからだ。もし仮に、店の主人がリンゴを洋ナシだと思っていたり、赤を黄色だと思っていたり、5を7だと思っていたりしたら、このメモを見て「黄色い洋ナシ7つ」を手渡すことになってしまうだろう。つまり問題は、生活の中でその言葉がどう使用されるかという点にあるわけだ。

したがって、言語ゲームとは生活形式であるということができる。実際ウィトゲンシュタインは、言語ゲームという言葉を使ったのは、言葉を話すということが1つの活動や生活形式の一部であることをはっきりさせるためだといっている。そうなると、私たちにとって確実なものは、言語活動だけだということになる。その場合、自分の内的経験を自分にしかわからない言葉で表現する「私的言語」は言語とはいえない。なぜなら、それは誰にも理解できない音声と同じだからである。誰かと意思疎通できるものでないと、言葉は意味を持ち得ないのだ。

哲学を武器にするためのヒント

ビジネスの現場においても、言葉の意味は文脈で決まる。したがって、業界や業種によって同じ言葉でも異なるニュアンスを帯びていることを念頭においておく必要がある。そこがトラブルの元になりうるからだ。その意味で、SNSをはじめインターネット上でのコミュニケーションは新たなタイプの言語ゲームであり、ルールの共有が望まれる。

087

哲学プラクティス

philosophical practice（英）

超訳

哲学を社会において実践すること

マシュー・リップマン（1923~2010）

アメリカの哲学者。子どものための哲学（P4C）の創設者。Institute for the Advancement of Philosophy for Children（IAPC）を設立。著書に『子どものための哲学授業』などがある。

市民のための哲学カフェと子どものための哲学対話

「**哲学プラクティス**」とは、主に対話の手法を用いて、哲学的なテーマについて共同で探究する実践的な活動をいう。具体的には、「**哲学カフェ**」という形態をとった市民的活動や、教育現場での「**哲学対話**」の実践などが挙げられる。

哲学プラクティスの本質は、市民が共同で知を探究する点にあるといえる。つまり、哲学プラクティスは市民のエンパワーメント（市民1人ひとりが力をつけること）にもつながるのだ。また、学校教育に哲学プラクティスをとり入れる試みも、18歳選挙権の導入で始まった**主権者教育**のように、今後ますます重要になってくることが予想される。欧米では哲学の伝統に加え、市民社会が確立しているため、哲学カフェや学校での哲学対話は、かなり前から存在している。

子どもの哲学対話という点では、本格的に方法論が確立したのは1960年代末のアメリカにおいてである。アメリカの哲学者**リップマン**が、**P4C**（ピー・フォー・シー）という教育活動を提案したのが最初だとされ、その活動は今や全米に広がっている。これはPhilosophy for Children の略で、日本でもこの略称で呼ぶことがある。

また、日本でも遅ればせながら2022年度から高校で新科目「**公共**」を必修科目として導入することが決まっている。主権者教育を強化することが目的ではあるが、具体的な中身として哲学教育も入っている。

哲学を武器にするためのヒント

哲学対話をビジネスに活用する発想は、すでに欧米を中心に実践されつつある。グーグルやアップルやマッキンゼーでは哲学者をビジネスコンサルタントとして雇い話題を呼んだ。哲学を採用する理由は、答えのない課題に立ち向かう「スキル」を身につけるためである。世界的な流れを汲み日本でも一部企業が哲学シンキングを導入し始めている。

088

deliberation（英）

熟議

超訳

徹底的に議論すること

ジェイムズ・フィシュキン（1948〜）

アメリカの政治学者。スタンフォード大学熟議民主主義センター所長。専門は熟議民主主義。討論型世論調査の設計で知られる。著書に『人々の声が響き合うとき』『熟議の日』などがある。

○本音をいい合い、少数意見を聞き、お互いを理解する

「**熟議**」とは徹底的に討議することをいう。そうすることによって合意を形成し、1つの集団が問題を解決することを目的としている。ある意味、民主主義をより機能させるための方法論であるともいえる。実際、熟議を前提にした民主主義は**熟議民主主義**といって、単なる民衆による意思決定とは区別される。場合によっては、意思決定よりも意思の形成に重点が置かれうるということである。

意思決定は国家レベルでは必須かもしれないが、市民社会レベルでは必ずしもそうではないのである。アメリカの政治学者**フィシュキン**によると、むしろ熟議に求められるのは次の5つの要素である。つまり、①情報（争点に関係すると思われる十分に正確な情報がどれほど参加者に与えられているか）、②実質的バランス（ある側、またはある見地から出された意見を、反対側がどれほど考慮するか）、③多様性（世間の主要な立場が議論の中で参加者にど

れほど表明されているか）、④誠実性（参加者がどれほど真剣に異なる意見を吟味するか）、⑤考慮の平等（参加者のすべての意見が、誰が発言者かということではなく、どの程度、その論点自体によって検討されているか）である。

こうした要素を網羅した具体的な熟議の手法として、フィシュキンは「討論型世論調査（Deliberative Poll：DP）」を提案する。無作為抽出で選ばれた参加者それぞれが、小さなグループに分かれて議論し、その後に投票するものだ。

あるいは、討論型世論調査では全国民が参加できないので、フィシュキンは「熟議の日（Deliberation Day）」という提案も行っている。これはすべての選挙民を地域ごとのディスカッション・グループに無作為に割り振り、選挙に備えて投票の1週間前の祝日に行われるディスカッションへの参加を奨励するというものである。

こうした熟議は、実際に次の7つの変化をもたらすという。つまり、①政策に対する態度の変化、②投票意思の変化、③情報量の変化、④「よりよい市民」の育成、⑤集団の一貫性の変化、⑥公の対話における変化、⑦公共政策の変化である。

哲学を武器にするためのヒント

熟議には時間と手間がかかるが、今さまざまな場面で実践されつつある。大学での議論はもちろんのこと、市民同士の対話、あるいは企業においてもそうだ。しかし、時間と予算が限られた国会では掛け声ばかりで、なかなか実現されない。本来はもっとも熟議が求められる場なのだが。そのためには、国民のコンセンサスが鍵を握るだろう。

089

iki（英）

いき

超訳

決して交わらない
日本的な二元性の関係

九鬼周造（1888〜1941）
日本の哲学者。偶然性の哲学を説いたり、男女関係の視点から「いき」の精神について論じた。著書に『偶然性の問題』『「いき」の構造』などがある。

○垢抜《あかぬけ》して、張《はり》のある、色っぽさ

「**いき**」とは、江戸の遊里で生まれた美意識のこと。日本の哲学者、**九鬼周造**《くきしゅうぞう》によって唱えられた概念。九鬼は当時としては長い足かけ8年にも及ぶヨーロッパ留学を経て、西洋思想との比較の中で日本独自の概念について哲学した人物である。また留学だけでなく、幼少期に母親が、思想家であり美術評論家の**岡倉天心**と駆け落ちしたことも、九鬼の思想に大きく影響しているといわれる。そうした個人的経験の中から生み出されたのが、「いき」という概念である。

九鬼によると、「いき」の概念は、日本特有のものだとされる。つまり、「いき」は外国語に訳すことができない語なのだ。そして、その本質は、芸者と客との男女関係にあるという。具体的には、「いき」を構成する要素として、**媚態**、**意気地**《いきじ》、**諦め**の3つが挙げられる。

まず媚態とは、異性を目指して接近していくのだけれども、あくまで可能的関係を保つ二元的態度だという。つまり、お互いにぎりぎりまで近づくものの、決して合一することなく、一定の距離を置いた関係ということである。相手を束縛し、苦しめてしまわないその距離感、あるいは二元性が、「いき」の重要な特徴なのだ。

次に意気地とは、異性にもたれかからない心の強みだといわれる。めそめそした態度とは正反対の、毅然とした態度である。さらに諦めとは、仏教の世界観に基づく流転や無常を前提とした要素である。恋愛関係を含め、どんな人間関係もやがては解消されてしまう。だからそれにこだわることなく、未練を捨てて新たな関係を生み出すことが大事だというわけだ。そのほうがかっこいいのだと。

九鬼は、以上の特徴をまとめて「いき」を次のように表現している。「垢抜して（諦）、張のある（意気地）、色っぽさ（媚態）」なのだと。ここには恋愛や結婚といった制度への批判を通じて、近代という罠、つまり合理主義という名の自由の剥奪を乗り越えようとした九鬼の先見性を見てとることができる。いい換えるとそれは、一元的な西洋の合理主義に対して、二元的な日本の反合理主義の可能性を見抜いていたということである。

哲学を武器にするためのヒント

「いき」は英語に訳せないと書いたが、日本の物や文化がクールだといわれるときのcoolは、実は日本独自のかっこうよさを意味しているので、「いき」の訳になりうるのかもしれない。実際日本文化のかっこうよさは、海外の人たちにとっては合理主義だけでは理解できない二元性やあいまいさにあるのだから。

090

In-der-Welt-sein（独）

世界内存在

超訳

世界とかかわりながら生きること

マルティン・ハイデガー（1889〜1976）

ドイツの哲学者。自分は代替不可能な「死への存在」であることを自覚するべきと主張。著書に『存在と時間』『ヒューマニズムについて』などがある。

○人間は物事とかかわることでしか生きられない

「**世界内存在**」とは、世界とかかわりながら生きることをいう。20世紀ドイツの哲学者**ハイデガー**が主著『**存在と時間**』の中で使用した概念。ハイデガーによると、世界内存在とは、人間が世界の中でさまざまな事物とかかわり、それらに配慮しながら生きる様を表現したものである。

たしかに私たちは朝起きてから寝るまで、さまざまな事物を使いながら生きている。いわばこれらの事物は私たちにとって道具であり、そんな道具の中に私たちは生きているわけである。ハイデガーは、今ここを生きる存在という意味で、人間のことを**現存在**（**ダーザイン**）と呼ぶ。つまり、世界内存在とは、そんな現存在として生きる人間の本質を表現したものでもある。なぜなら、今ここを生きるためには、事物とのかかわりが不可欠だからだ。

そのような視点で自分と周囲の環境との関係をとらえ直すと、きっと自分の存在が違って見えてくるはずである。もっとも、人間が事物とかかわりながら生きているというのは、単に人間が物にとり囲まれて生きているということを意味するわけではない。物にとり囲まれて、いたずらに寝食を繰り返すだけの存在だとしたら、自分というのは誰でもいいことになってしまうからだ。ハイデガーにいわせると、それでは**ただの人**（ダス・マン）にすぎない。

ダス・マンとして生きているだけだと、道具を使うはずの人間が、逆にあたかも道具のように交換可能、代理可能な誰でもいい存在になってしまうということである。だからハイデガーは、交換可能な現存在のあり方は非本来的であるとして、本来的な生き方を主張したのだ。

ここからハイデガーは、一方で人間が交換不可能であるという点と、他方で人間が死すべき存在であるという点を結びつけ、その死を先駆的に覚悟して生きるべきと訴えた。人は死へと向かう存在なのだから。つまり、ハイデガーの思想は死を肯定的に受け止め、懸命に生きることのすすめだといってよい。

哲学を武器にするためのヒント

世界内存在という発想は、人間が社会とかかわりをもって生きざるを得ない現実を見事に指摘するものだ。社会とのかかわりがうまくいっていれば、人は生き甲斐を感じるだろう。逆にうまくいかないと、ストレスを抱えることになる。もしかしたら、ひきこもり問題や社会への不満をぶちまけるような事件を読み解くヒントになるかもしれない。

091

Sittlichkeit（独） ethical life（英）

人倫

超訳

心とシステムが一体になったもの

G・W・F・ヘーゲル（1770〜1831）

ドイツの哲学者。近代哲学の完成者と称される。弁証法概念で有名。著書に『精神現象学』『法の哲学』などがある。

○共同体の意識はその共同体の個人の意識と一体である

「**人倫**」とはいわば心とシステムが一体になったものである。近代ドイツの哲学者**ヘーゲル**が唱えた**ジットリヒカイト**という概念の訳である。この語は習慣を意味する語ジッテに由来するように、人倫は慣習の形づくる規範や倫理、さらには共同体そのものを意味する語であるといえる。

ヘーゲルによると、人倫は、共同体に生きる個々人の精神が、その共同体に影響を与えることではじめて成立する。いわば人の心と共同体のシステムが一体となってはじめて成立するのが人倫なのだ。人倫の目的は自由の理念であるといっていい。**ヘーゲル哲学**においては、自由こそが最終目標だからだ。現に、国家の目標も自由の実現であるとされているし、また歴史の目的も自由を実現することであるとされている。

したがって、人倫は個々人の想いが共同体の中で実現されて、両者が一体となって作用することで、自由

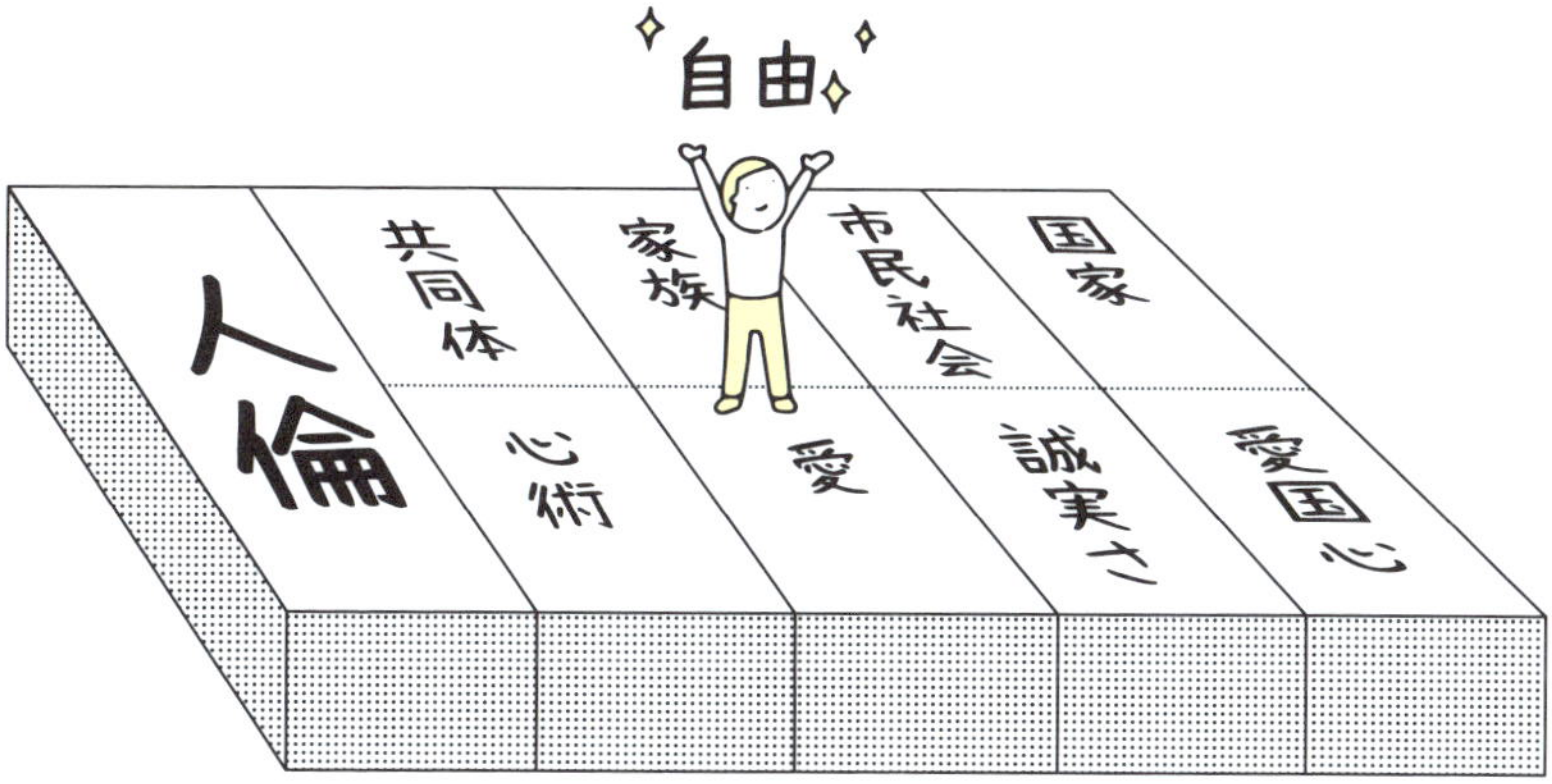

という目的をかなえる存在であるということになる。

ヘーゲルの**共同体論**が画期的だったのは、このように共同体を個人の意識と一体のものとしてとらえた点である。そうした個人の意識は**心術（ゲジンヌング）**と呼ばれる。

具体的には、家族という共同体では愛が、市民社会という共同体においては実直さが、そして国家においては愛国心が貫徹しているという。逆にいうと、こうした倫理を獲得するためにこそ共同体が必要なのだ。

哲学を武器にするためのヒント

市民社会の人倫は誠実さだとか実直さだといわれる。これは地域社会でも企業でも同じである。つまり、家族とは異なる他人同士が、協力してうまく共同体を運営していくためには、そうした意識が不可欠なのだ。しかし、個人がバラバラになってしまった今、果たして人倫を育めるのかどうかが問われている。

092

イリヤ

il y a（仏）

超訳

すべてが自分とは無関係に存在している状態

エマニュエル・レヴィナス（1906～1995）

リトアニア出身のユダヤ系哲学者。ナチスに捕えられた経験から、他者の存在を尊重することを訴える。著書に『全体性と無限』『時間と他者』などがある。

○イリヤの闇から抜け出すために他者の顔に着目せよ

「イリヤ」とは、フランス語で「il y a」と表記される言葉で、「～がある」という意味。フランスの哲学者**レヴィナス**によって唱えられた概念である。レヴィナスは、ユダヤ系であったため、家族が虐殺されたり、自身も捕虜にされたりした経験をもつ。そうした壮絶な経験が、彼の哲学を形づくったといっても過言ではない。

そんなレヴィナスの哲学を象徴するのが、イリヤという概念である。レヴィナスは、戦争ですべてがなくなってしまったにもかかわらず、それでも何事もなかったかのように世界や自分が存在し続けている状況に恐怖を覚え、これをイリヤと表現したわけである。いわばすべてが自分とは無関係に存在している状態だといっていいだろう。

レヴィナスによると、夜の闇にもたとえられるイリヤの中で、人は孤独になってしまうという。つまりレヴィナスのいう孤独とは、イリヤの中で自分に閉じこもってしまうことである。自分の中に他者が存在しない状態といってもいいだろう。そこで他者の引き受けが求められることになる。ただ、自分の中に他者を入れるといっても、他者と同化してしまってはいけない。

孤独から私たちを救ってくれる他者は、絶対的に他なる存在、いわば差異であり続けないといけないのだ。だから他者に共感を求めたり、物理的に一緒にいるだけではだめだという。理想は、他者という自分とは異なる存在を、常に意識できる状態だろう。そうしてはじめて、「苦しいのは自分だけじゃない。みんな頑張っている」と思えるようになるからだ。

レヴィナスは、他者を意識するために、1人ひとり異なる「**顔**」に着目せよという。顔にはそれぞれの人の過去が、人生が現われているからだ。顔が見えてくれば、イリヤの闇も消えていくに違いない。

哲学を武器にするためのヒント

イリヤは現代のひきこもりの問題にも結び付けることが可能である。なぜなら、人とのつながりが希薄で、孤独の中ただ1人自分が世界に存在しているという感覚は、まさにひきこもっている人たちの実感に近いはずだからだ。とするならば、頑張っている他者の「顔」に着目することが、ひきこもり問題解決の糸口になるかもしれない。

093

相互承認

gegenseitig Anerkennung（独）

mutual recognition（英）

超訳

互いの存在を認め合うこと

G・W・F・ヘーゲル（1770〜1831）

ドイツの哲学者。近代哲学の完成者と称される。弁証法概念で有名。著書に『精神現象学』『法の哲学』などがある。

アレクサンドル・コジェーヴ（1902〜1968）

ロシア出身のフランスの哲学者。フランス現代思想におけるヘーゲル研究に強い影響を与えた。著書に『ヘーゲル読解入門』『法の現象学』などがある。

○主人は奴隷を認めざるをえない

「**相互承認**」とは、互いの存在を認め合い、承認し合うことをいう。もともとは近代ドイツの哲学者**ヘーゲル**の議論が有名だが、現代の哲学者たちはそれを発展させることで独自の解釈を行っている。

ヘーゲルの**承認論**は、初期のころは労働生産物の交換の文脈で論じられていた。つまり、物の交換とは、じつは物同士の関係ではなく、所有主体としての個人が相互に承認し合うという意味をもつのだ。

その承認の関係が成立するプロセスについては、後に主著『**精神現象学**』の中で詳しく展開されている。いわゆる「**主人と奴隷の弁証法**」というたとえがそれである。

つまり、2人の人間が異なる主張を掲げた場合、生存を賭けた闘争に敗れた者が奴隷になり、主人に仕えるというものだ。ここでは一見奴隷が主人に承認を求めているように見えるが、実際には主人は奴隷の労働に頼らざるをえないという現実があるのだ。

ヘーゲルは、これに続けて、他者を承認することで和解が生まれ、それが彼の理想とする**絶対精神**（38ページ）につながることを示唆している。

もっとも、ヘーゲル自身は承認に関する議論をしているだけであって、相互承認については解釈に委ねられている。この点をとらえて、相互承認が成り立ちうることを論じたのが、フランスのヘーゲル研究者**コジェーヴ**である。彼はヘーゲルの『精神現象学』を独自の解釈によって読み解き、現代ヨーロッパにおいてヘーゲルを復権させた人物であるといえる。

コジェーヴは、奴隷に頼らざるを得ない主人が奴隷を承認し、そこから相互承認が成り立ちうると論じた。これによって、あたかも**ヘーゲル哲学**が**階級闘争**の理論であるかのように思わせる結果をもたらしたのである。

つまり、この場合奴隷が労働者階級で、彼らの労働に頼らざるをえない主人が資本家ということになる。そして承認をめぐる闘争こそが階級闘争になぞらえられるとしたのである。

哲学を武器にするためのヒント

相互承認は、人間関係の基礎だといってもいい。人間はお互いを認め合うことではじめて協働できるようになる。大事なのは、そのためには一度闘争を経る必要があるということだ。ケンカをしてはじめて固い友情が生まれるように、ビジネスにおける真のパートナーシップも、一度は切った張ったの激しい交渉プロセスを経る必要があるのだ。

094

鏡像段階

stade du miroir（仏） mirror stage（英）

超訳

鏡に映った自分を見て
自我が発生した段階

ジャック＝マリー＝エミール・ラカン
（1901〜1981）

フランスの哲学者、精神分析家。フロイトの精神分析学を構造主義的に発展させることで、ポスト構造主義に大きな影響を与えた。著書に『エクリ』『ディスクール』などがある。

◯幼児はどのようにして自我を形成していくか

「**鏡像段階**」とは、鏡に映った像を自分の像として認知したときにはじめて、自我が発生するというものである。フランスの精神分析家**ラカン**が唱えた概念である。ラカンは、**フロイト**の精神分析を理論的に発展させることで、自らの思想を確立していった。

つまり、生まれたばかりの子どもは、自分の手や足は見えていても、それらを1つの身体イメージに統合できていない。これを「**寸断された身体**」という。しかしやがて、母親の姿を鏡のようにして、自分の姿をイメージするようになる。これが鏡像段階である。そんな乳児が母親との一体感を味わっているイメージの世界を「**想像界**」という。

ところが、子どもは、いつまでも母親と癒着してはいられず、父親による去勢を受ける。そして子どもは

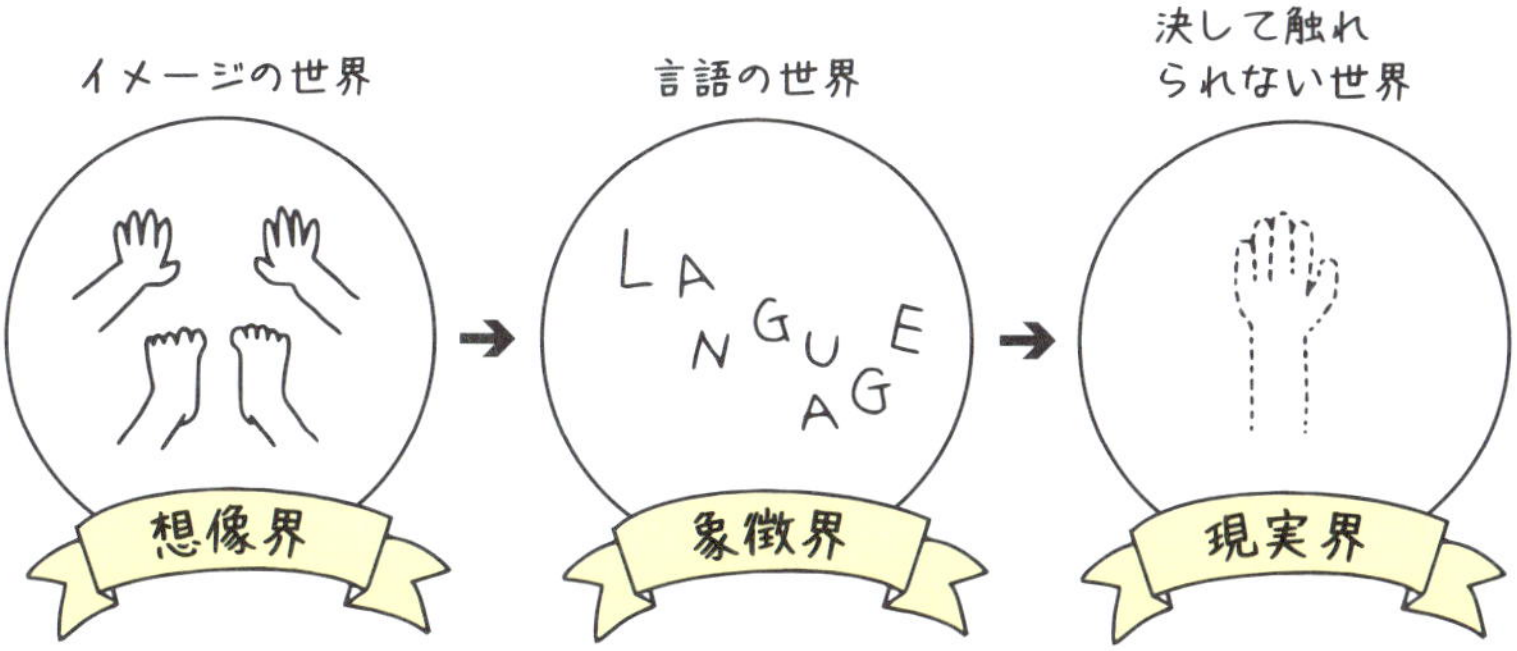

想像界から引き離され、「**象徴界**」に参入させられる。象徴界とは、イメージではなく言語の世界である。

こうして象徴界に組み込まれるとき、人はようやく主体となる。ただ、自分が生まれもったものではない言語というものを使って生きなければならないという点で、主体は決して完全な存在ではなく欠如を抱えている。

他方、象徴界自体も完全ではない。言語は現実のすべてを覆い尽くすことはできず、亀裂を内包しているからだ。その亀裂の向こう側に、言語を介するだけでは把握できない「**現実界**」があると考えられる。

哲学を武器にするためのヒント

胸像段階を理解しておけば、子育てに有効かもしれない。子どもがいかにして自己を認識し、確立していくのか、そして社会的な存在になっていくのか、その参考になる。また、子どもが大人になる以上、こうしたプロセスを理解しておけば、人間存在そのものを正しくとらえることにも役立つだろう。

095

rhizome（仏）

超訳

リゾーム

ネットワーク状の思考様式

ジル・ドゥルーズ（1925〜1995）
フランスの現代思想家。ポスト構造主義に分類される。生成変化の概念を重視し、新しい哲学を創造することに力を注いだ。精神分析家フェリックス・ガタリと多くの共著を残している。著書に『アンチ・オイディプス』『千のプラトー』などがある。

ピエール＝フェリックス・ガタリ（1930〜1992）
フランスの哲学者、精神分析家。

○新しいものを受け入れ変化していく多様体

「**リゾーム**」とは、もともとは地下茎の一種である根状茎を意味する語。いわば中心を持たないネットワーク状のもの、あるいはそうした思考法だといっていい。20世紀フランスの思想家**ドゥルーズ**と、精神分析家**ガタリ**によって提唱された概念である。

リゾームは**トゥリー**という概念とセットで対比して論じられる。トゥリーとは文字通り樹木のことである。ただ、ここでは樹形図のような発想を指している。トゥリーは、これまでの西洋社会を支配してきた思考法である。トゥリーの具体的な思考法としては、しっかりとした基本原則を立てて、あくまでもそれを基準として、そこからいくつかのパターンや例外を考えていくというものになる。分類という作業は、だいたいこのトゥリー型の思考法によっている。

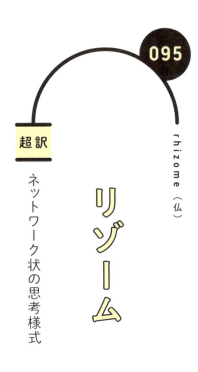

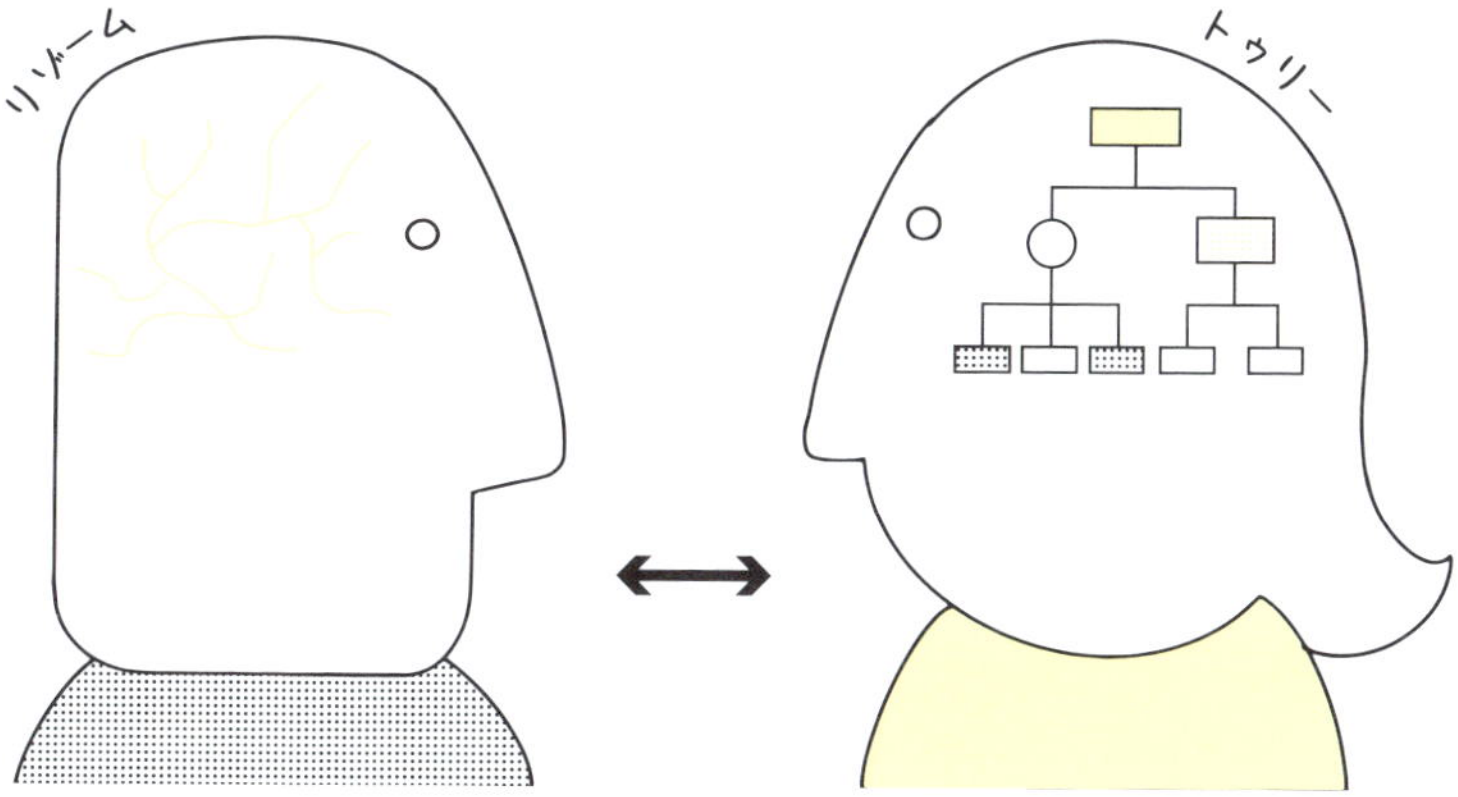

他方、リゾームのほうは、中心どころか始まりも終わりもないネットワーク型の思考法である。全体を構成する各部分が自由で横断的に接続しあう異種混合の状態である。

また、リゾームは新しい部分が接続されたり切断されたりするたびに、性質を変える多様体でもある。これは「多様体は外によって定義される」とも表現される。外から加わる線によって形が変わるということだ。つまり、新たなものが接続することによって、全体の性質が変わってしまうことを意味している。

哲学を武器にするためのヒント

リゾームとトゥリーは思考法としても応用できる。トゥリーは三段論法のようなシステマティックな思考である。対してリゾームは、具体的には、脳のシナプスやソーシャルメディアのつながり図をイメージしてもらえばいいだろう。マインドマップなども近い。リゾーム思考はアイデアや問題解決においても柔軟な思考を可能にするのである。

096

ressentiment（仏）

ルサンチマン

超訳

負け惜しみ

フリードリヒ・ニーチェ（1844〜1900）

ドイツの哲学者。人生の苦しみを「超人」思想で乗り越えるよう説く。著書に『悲劇の誕生』『ツァラトウストラはこう言った』などがある。

○神は死んだ。超人を目指せ

「ルサンチマン」とはいわば負け惜しみのことである。怨恨と訳されることが多いが、通常の意味とは少し異なる。もともとは近代ドイツの哲学者ニーチェが用いた概念だ。ニーチェによると、弱者は実際には強者にかなわないことから、想像上で復讐しようとする。その際に抱く感情をルサンチマンと呼んだのだ。

つまり、強者は一般的に自らを善いものと評価する。それに対して弱者は自らを悪いものだと評価してしまう。このような決めつけに対して、当然弱者は不満をもつ。そして強者を憎むだろう。しかし、弱者には力がないため、実際に強者に楯《たて》ついて関係を逆転させることはできない。

そこで弱者は自らを善いものと思い込むようにする。楯つかないのは、自分たちが善良だからだと。また、臆病なのは謙虚であって、服従は恭順なのだといい聞かせるわけである。そして、これこそがキリスト教の道徳だというのだ。

ニーチェによるとこの世の中には2種類の道徳的価値評価が存在する。1つは騎士的・貴族的価値評価というもので、ここからは自分で善いと判断できる道徳が出てくる。もう1つは、司祭的価値評価というもので、この場合自分では善いと判断できないため、強いものを悪いと決めつけ、その反対である自分を善いと判断する道徳が出てくる。

ニーチェはこのような転倒した道徳を**奴隷道徳**と呼んで痛烈に非難する。だからあえて「**神は死んだ**」と宣言したのだ。もう神に頼って負け惜しみをいいながら生きるのはやめようと。

ニーチェはそんなルサンチマンを克服する術として、自分自身の基準で強く生きることを説いた。人がどういおうと、自分の基準で善悪や真偽を判断すればいいというのだ。それができるのが**超人**、**ツァラトゥストラ**なのだと。

いわゆるニーチェの**超人思想**である。これは人間を超えるという意味でもあり、同時に自分を超えていくという意味でもある。負け惜しみをいっている限り、強く生きることはできないのだ。

哲学を武器にするためのヒント

ルサンチマンは、現代社会の勝ち組負け組の関係においても見られる。勝ち組は社会で成功し、自分たちを社会的強者だと思っている。それに対して、負け組は社会的弱者だと思っている。負け惜しみをいってしまったときには、自分の中のルサンチマンを認識してみよう。すると、強く生きる方向性に舵をきれるかもしれない。

097

pessimism（英）

ペシミズム

超訳

物事を常に最悪の状態であるかのようにとらえる態度

アルトゥル・ショーペンハウアー（1788〜1860）
ドイツの哲学者。知性よりも意志が重要であると説く。著書に『意志と表象としての世界』『視覚と色彩について』などがある。

○生の苦痛から逃れるには禁欲をおいてほかにない

「**ペシミズム**」とは、物事を常に最悪の状態であるかのようにとらえる態度をいう。**厭世主義**だとか、**悲観主義**などと訳される。ペシミズムは、ラテン語で「最悪のもの」を意味する語に由来する。ギリシア神話に登場するディオニュソスの教育係シレノスは、人間にとって最善のことは生まれなかったこと、次善のことは間もなく死ぬことだという。これはまさにペシミズムを象徴しているといっていい。

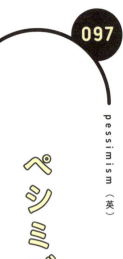

哲学の世界では、近代ドイツの哲学者**ショーペンハウアー**が、ペシミズムについて考察を展開している。彼は、世界には苦しみが生じざるをえず、そこから逃れるには哲学によって意志の否定を実現するよりほかにないと主張する。

そもそもショーペンハウアーのいう意志とは、理性的な意志ではなく、むしろ理性とは無関係の身体活動として現れる「**生への意志**」を意味している。

そうした生への意志は、根拠も目的もない盲目的な意志であるため、人間にとっては際限ないものとなる。だから人間の欲求はいつまでも満たされることがなく、生は苦痛に満ちたものとなるのだ。

その苦痛から逃れるための方法として、ショーペンハウアーはまず芸術について述べる。芸術は、人間から主観とか客観という要素をとり除き、人間を意志の欲望のすべての苦痛から解放した解脱の立場へと高める。

ところが問題は、芸術による解脱は、稀にしか生じない一時的なものだという点である。そこで次に説かれるのが、同情による解脱だ。同情することで、人は他者の苦しみを理解しようとするのである。

もっとも、この場合でさえ、実際には他者に対してできる限りのことをするという程度のことである。その意味では、生存の苦痛からの究極的な解脱にはなりえない。

そこでショーペンハウアーは、根本的には「生への意志」そのものを否定するしか道はないという。苦痛から逃れることを可能にするのは、「**禁欲**」をおいてほかにない。この意志のあきらめ、禁欲的否定こそが、苦悩からの決定的解放を可能にするのだ。

哲学を武器にするためのヒント

ペシミズム（悲観主義）の対義語としてオプティミズム（楽天主義）がある。たとえば、コップに水が半分入っているとき「まだ半分ある!」と考えるのがオプティミズム的考え方、「もう半分しかない…」と考えるのがペシミズム的考え方である。ネガティブな思考ではあるが、最悪のことを考えて対処法を考えられるという意味では、役に立つ。

098

existentialisme（仏）
existentialism（英）

実存主義

超訳

自分で人生を
切り開いていくべきだという考え

○人間は自らをつくり、変えていける存在である

「**実存主義**」とは、人間の存在を重視し、自分で人生を切り開いていくべきだと主張する思想である。19世紀デンマークの哲学者**キルケゴール**をその走りとする実存主義は、ドイツの哲学者**ニーチェ**や**ハイデガー**といった思想家たちにも部分的に受け継がれながら、20世紀の知のスター、フランスの哲学者**サルトル**によって完成を見る。

実存主義が花開いたのは、もちろんサルトルの卓越した能力に負うところが大きいわけだが、決してそれだけではない。時代が実存主義を求めていたのだ。つまり、第二次世界大戦によって破壊された世界が、新しい価値観と新しい社会を構築するため、その推進力となる思想を求めていたといっていいだろう。

実存主義の系譜を見れば明らかなように、サルトルが問題にしたのは、存在するものではなく、どう存在

セーレン・キルケゴール（1813〜1855）
デンマークの哲学者。絶望や不安を乗り越えるための思想を説く。実存主義の走り。著書に『あれか、これか』『死に至る病』などがある。

ジャン＝ポール・サルトル（1905〜1980）
フランスの哲学者。実存主義に基づき、積極的に社会にかかわるべきと主張。著書に『嘔吐』『存在と無』などがある。

するかを問うことである。それを如実に表現しているのが、「**実存は本質に先立つ**」というフレーズである。人間はあらかじめ決められた運命に従う存在ではなく、自らをつくり、変えていける存在だということだ。

サルトルによれば、人間は自分の行動を自由に選択できる反面、その選択に責任を負わなければならないという。その意味では、人間は「**自由の刑**」に処せられているのだ。どんな行動をしてもそれに責任を負わなければならないのなら、自らが納得するよう積極的に行動をしたほうがいい。

そこでサルトルは、**アンガージュマン**という概念を掲げた。これは、積極的に社会にかかわり、歴史を意味づける自由な主体として生きることを指す。アンガージュマンは、もともとは契約や誓約などの意味をもっていたが、サルトルがこの語を用いたことで、政治参加、社会参加といった意味でも広く使われるようになった。

世の中には自分の前に立ちふさがる壁がたくさんあるが、人間にはむしろ社会のほうを変えて行くという選択肢もあるのだ。

実際サルトルは、アルジェリアの独立運動をはじめ、多くの社会運動に積極的にかかわっていった。実存主義とはまさに問い続けることであり、かかわり続けることなのである。

哲学を武器にするためのヒント

仕事や生活をするうえで、困難な状況は避けては通れない。システムのせい、会社のせい、世の中のせいと思い消極的になったとき、サルトルの実存主義を思い出し、その選択に責任をもてるか自分を問いただしてみてはどうだろうか。サルトルによると、逃げることも自由な選択なのだ。自分の選択を確かめるうえでも、役に立つ言葉といえる。

099

Aura（独）

アウラ

超訳

近寄りがたい雰囲気

ヴァルター・ベンヤミン（1892〜1940）
ドイツの文芸批評家、哲学者。フランクフルト学派に属する。美学と西洋マルクス主義に強い影響を与えた。著書に『複製技術時代の芸術』『パサージュ論』などがある。

オリジナルだけがもつ貴重さ

「アウラ」とは、近寄りがたい雰囲気のこと。もともとは、宗教的礼拝物である仏様やイエス・キリストなどの後ろに描かれたあの「後光」のことを指している。「あの人はオーラがある」というときのオーラのことだ。ドイツの哲学者ベンヤミンは、この概念について、「いかに近くとも、はるか遠くにあるものの1回限りの現象」と表現している。

たとえば、芸術にはそこにしか表現されない1回限りの事実が存在する点に意味がある。ところが、複製技術が発展して、その芸術のもつ意味が変わってきたと指摘する。ピカソの絵はピカソが描いたから意味があるのであって、誰かが真似してそっくり同じものを描いたとしても、価値がないことは容易にわかるだろう。その場合、オーラが欠けてしまうのだ。

ベンヤミンによると、もともと芸術作品は宗教的な儀礼の道具であった。それが宗教の力が弱まるにつれて芸術の対象になっていったのだ。そうなると、礼拝価値よりも展示価値のほうが重要になってくる。だからオリジナルのオーラよりも、手に入りやすい複製品を求めるようになったというわけである。

ただ、ベンヤミンにいわせると、複製品はまた別の価値をもつ。それは誰もが容易に手に入れたり、楽しんだりできるという意味での大衆化である。複製品は現代社会の大衆化に役立っている。その頂点は映画だという。なぜなら、映画はもはやオリジナルと複製の区別がないからだ。

それにしても、なぜ人はオーラを求めるのか。それはオリジナルだけがもつ貴重さに起因している。ほかのものでは味わうことのできない感動を与えてくれるのがオーラなのである。ベンヤミンはそれについて「自己を超えたもの」と表現している。そのものがもつ表面的な姿を超えた雰囲気、それこそがオーラであり、その超えたものを人は感じたいのである。

哲学を武器にするためのヒント

ベンヤミンは「人がアウラを見出す」ともいう。影響力がある人の発言や口コミなどで人々の称賛を得、徐々にオーラをまとうということもある。誰も振り向かないようなものでも、自分がよいと思ったものは、アウラをまとわせられる可能性もあるのだ。ただしそれは二番煎じであってはならない。最初の発見者であることが大切である。

100

メタ倫理学

metaethics（英）

超訳

倫理の前提を問い直す学問

ジョージ・エドワード・ムーア（1873〜1958）

イギリスの哲学者。分析哲学やメタ倫理学の礎を築いたとされる。著書に『倫理学原理』『観念論の論駁』などがある。

○そもそも倫理とは何か？

「**メタ倫理学**」とは、倫理学が前提としていることを問い直す学問である。メタには「超えて」という意味があるので、前提を超えて考えることが求められているといっていい。

たとえば、倫理学にはほかに規範倫理学と応用倫理学がある。**規範倫理学**とは、**功利主義**（80ページ）や**義務論**のように、人はどう生きるべきかを考えるものである。そして**応用倫理学**とは、規範倫理学を基礎として、現実の社会における具体的場面での振る舞いを考えるものである。**環境倫理学**や**生命倫理学**のように。こうしてすでに規範倫理学や応用倫理学においては、何が正しいかがあらかじめ前提とされている。これらの倫理学では、それにきちんと従っているかどうかが問われるのである。

他方、メタ倫理学では、物事の正しさの前提そのものが問われてくる。つまり、「正しい」とはどういうことなのかが問われるのである。

メタ倫理学の目的は、議論を明確化する点にある。正しいといっても、それは誰がどういう根拠に基づいて、どういう意味でいっているのかが問われないと、議論がかみ合わないからだ。そこまで問うことではじめて、自分たちが当然だと思っている倫理を見直すことができる。メタ倫理学の意義はその点にあるといっても過言ではない。倫理とは社会における人々の間の取り決めのようなものなので、社会が変われば内容も変わってくる。だから常に根底から問い直す姿勢が必要なのだ。

その問い直しのために、メタ倫理学では、主に3つの問題を主題にしている。1つ目は、倫理の議論に答えはあるのかどうかといった真理をめぐる問題である。2つ目は、倫理的な判断とは何かという判断をめぐる問題。3つめは、倫理とは何かという概念をめぐる問題である。

メタ倫理学の議論では、いずれの問題を考察するに際しても、**客観主義**と**主観主義**という2つの立場が対立している。客観主義とは、真理を定めているのは相手や物などの**客体**（18ページ）であるとする立場だ。イギリスの哲学者**ムーア**が唱えたものである。これに対して、主観主義とは、真理を定めているのは**主体**（18ページ）である人間、つまり自分の側だとする立場だ。この2つの立場は拮抗《きっこう》しており、どちらが正しいとはいえない。

哲学を武器にするためのヒント

倫理とは社会における常識を前提にしている部分が大きい。何が正しいかは常識に委ねられるからである。しかし、AIをはじめとした新しいテクノロジーの登場によって、常識が大きく変わろうとしている今、倫理の中身そのものが問い直される必要がある。たとえば、意識をもったロボットをモノ扱いするのは、もはや正しいとはいえないだろう。

(COLUMN)

ビジネス

日本における哲学のニーズが、新たな段階に入っている。それはビジネスにおけるニーズだ。従来、ビジネスの世界では、実践的で即使えるツールが求められてきた。そのせいもあって、物事の本質を考えるためのツールである哲学は、あたかも無関係のものであるかのように扱われてきたきらいがある。

しかし、欧米では必ずしもそうではなく、哲学はビジネスに活用されてきた。その証拠に、哲学科出身の経営者が成功を収めていたり、哲学者をコンサルタントとして雇ったりする企業が少なからず存在する。その傾向にはますます拍車がかかっており、有名な哲学研究者が企業内弁護士ならぬ「企業内哲学者」としてフルタイムで雇用されるようなケースも出てきたのだ。

企業が哲学者に求めるのは、斬新な問いの投げかけや、本質にさかのぼった問題解決である。そうした能力を社員にも身につけさせようと、哲学の研修を行うところも増えている。日本でもAIの登場などで、これまでのビジネスを根本的に見直す必要に迫られていることから、ようやく哲学に注目が集まっている。

私自身、2019年度はいくつかの企業研修を請け負っており、満席になるほどの盛況ぶりである。具体的には、哲学のツールを応用しながら、ビジネス常識を疑う訓練、視点を変えて自分の仕事を見つめ直す訓練、そして問題を本質からとらえる訓練などを行っている。今、日本のビジネスは大きく変わろうとしている。

主な参考文献

廣松渉他編『岩波　哲学・思想事典』
（岩波書店／1998年）

子安宣邦監修『日本思想史辞典』
（ぺりかん社／2001年）

石塚正英他監修『哲学・思想翻訳語事典』
（論創社／2013年）

猪口孝他編『政治学事典』
（弘文堂／2004年）

木田元編『哲学キーワード事典』
（新書館／2004年）

貫成人『図説・標準　哲学史』
（新書館／2008年）

鈴木生郎他
『現代形而上学　分析哲学が問う、人・因果・存在の謎』
（新曜社／2014年）

野家啓一他編『現代哲学キーワード』
（有斐閣／2016年）

植原亮
『自然主義入門　知識・道徳・人間本性をめぐる現代哲学ツアー』
（勁草書房／2017年）

佐藤岳詩『メタ倫理学入門』
（勁草書房／2017年）

『現代思想　総特集　現代思想 43のキーワード』vol.47-6
（青土社／2019年）

The Penguin Dictionary of Philosophy, 2nd ed, ed. Thomas Mautner, Penguin Books, 1998, 2005.
The Cambridge Dictionary of Philosophy, 3rd ed, ed. Robert Audi, Cambridge University Press, 1995, 2015.

索引

小川仁志（おがわ・ひとし）

1970年、京都府生まれ。哲学者。山口大学国際総合科学部教授。博士（人間文化）。京都大学法学部卒業後、伊藤忠商事に入社。退社後、4年半のフリーター生活を経て、名古屋市役所入庁。名古屋市立大学大学院博士後期課程修了。徳山工業高等専門学校准教授、米プリンストン大学客員研究員等を経て現職。大学で新しいグローバル教育を牽引する傍ら、「哲学カフェ」を主宰するなど、市民のための哲学を実践している。また、企業向けの哲学研修は即満席になるほど人気を博している。専門は公共哲学。著書も100冊以上出版している。ベストセラーに『超訳「哲学」用語事典』『7日間で突然頭がよくなる本』（PHP研究所）などがある。『現代用語の基礎知識』（自由国民社）にて「哲学」の項目を担当。テレビなどの各種メディアでも活躍しており、2018年から始まったEテレ『世界の哲学者に人生相談』では、講師役を務めている。

世界のエリートが教養として身につける

「哲学用語」事典

2019年8月23日　初版第１刷発行

著者　小川 仁志
発行者　小川 淳
発行所　SB クリエイティブ株式会社
〒106-0032　東京都港区六本木 2-4-5
電話：03-5549-1201（営業部）

装丁　西垂水敦（krran）
本文デザイン　市川さつき（krran）
DTP　荒木香樹
挿絵　大野文彰
編集　杉本かの子（SB クリエイティブ）
印刷・製本　三松堂株式会社

© Hitoshi Ogawa 2019 Printed in Japan
ISBN 978-4-8156-0262-8

落丁本、乱丁本は小社営業部にてお取り替えいたします。定価はカバーに記載されております。本書の内容に関するご質問等は、小社学芸書籍編集部まで必ず書面にてご連絡いただきますようお願いいたします。